Universidade Nova
Textos Críticos e Esperançosos

CB027869

UNIVERSIDADE DE BRASÍLIA

Reitor:
Prof. Timothy Martin Mulholland
Vice-Reitor:
Prof. Edgar Nobuo Mamiya
Decano de Ensino de Graduação:
Prof. Murilo Silva de Camargo
Decano de Pesquisa e Pós-Graduação:
Prof. Márcio Martins Pimentel
Decana de Extensão:
Profa. Leila Chalub Martins
Decano de Assuntos Comunitários:
Prof. Reynaldo Felipe Tarelho
Decano de Administração:
Prof. Érico Paulo Siegmar Weidle
Secretaria de Planejamento:
Prof. Eduardo Tadeu Vieira
Laboratório de Estudos do Futuro:
Profa. Dóris Santos de Faria

EDITORA UNIVERSIDADE DE BRASÍLIA

Diretor:
Henryk Siewierski
Diretor-Executivo:
Alexandre Lima

Conselho Editorial
Beatriz de Freitas Salles
Dione Oliveira Moura
Henryk Siewierski
Jader Soares Marinho Filho
Lia Zanotta Machado
Maria José Moreira Serra da Silva
Paulo César Coelho Abrantes
Ricardo Silveira Bernardes
Suzete Venturelli

UNIVERSIDADE FEDERAL DA BAHIA

Reitor:
Prof. Naomar de Almeida Filho
Vice-Reitor:
Prof. Francisco José Gomes Mesquita
Pró-Reitor de Extensão:
Prof. Ordep José Trindade Serra
Pró-Reitor de Pesquisa e Pós-Graduação:
Prof. Herbet Conceição
Pró-Reitora de Planejamento e Administração:
Prof. Nadia Andrade de Moura Ribeiro
Pró-Reitora de Desenvolvimento de Pessoas:
Profa. Joselita Nunes Macedo
Pró-Reitor de Ensino de Graduação:
Prof. Maerbal Bittencourt Marinho
Pró-Reitor de Assistência estudantil:
Prof. Álamo Pimentel Gonçalves da Silva

EDITORA DA UNIVERSIDADE FEDERAL DA BAHIA

Diretora:
Flávia M. Garcia Rosa

Conselho Editorial
Angelo Szaniecki Perret Serpa
Carmen Fontes Teixeira
Dante Eustachio Lucchesi Ramacciotti
Fernando da Rocha Peres
Maria Vidal de Negreiros Camargo
Sérgio Coelho Borges Farias

Universidade Nova
Textos Críticos e Esperançosos

Naomar de Almeida Filho

Série "Em Questão"

Universidade de Brasília
Editora Universidade de Brasília
Universidade Federal da Bahia
Editora da Universidade Federal da Bahia
2007

Equipe editorial:
Flávia Goulart Mota Garcia Rosa – Editora Responsável
Rejane de Meneses e Sonja Cavalcanti – Supervisão Editorial
Mauro Pereira Bento – Projeto Gráfico
Lúcia Valeska de S. Sokolowicz – Editoração Eletrônica
Denise Coutinho – Revisão
Sônia Vieira – Normalização
Marcelo Terraza – Capa
Elmano Rodrigues Pinheiro – Acompanhamento Gráfico

Copyright © 2007 *by* Editora Universidade de Brasília
e Editora da Universidade Federal da Bahia
Impresso no Brasil

Direitos exclusivos para esta edição:
Editora Universidade de Brasília
SCS Q. 02, Bloco C, nº 78. Ed. OK, 1º andar. 70302-907 Brasília-DF
Tel. (0xx61) 3035-4211. Fax: (0xx61) 3035-4223. *e-mail.* direcao@editora.unb.br
Sites. www.livrariauniversidade.unb.br, www.editora.unb.br

Editora da Universidade Federal da Bahia – EDUFBA
Rua Barão de Jeremoabo, s/n, *Campus* de Ondina – 40170-115 -Salvador-BA
Tel. (0xx71) 3263-6160/ 6164. *e-mail.* edufba@ufba.br; *site.* www.edufba.ufba.br

Todos os direitos reservados. Nenhuma parte desta publicação poderá ser armazenada ou reproduzida por qualquer meio sem autorização por escrito das Editoras.

Biblioteca Central Reitor Macêdo Costa - UFBA

A447   Almeida Filho, Naomar de.
        Universidade Nova : Textos críticos e esperançosos / Naomar de Almeida
    Filho. - Brasília, DF : Editora Universidade de Brasília; Salvador : EDUFBA,
    2007.
        302 p. : il.
        ISBN 978-85-230-0934-2 Editora Universidade de Brasília
        ISBN 978-85-232-0436-5 Editora da Universidade Federal da Bahia

        1. Universidade Federal da Bahia - Programas de ação afirmativa. 2. Reforma
    universitária - Brasil. 3. Universidades e faculdades públicas - Reforma do ensino.
    4. Políticas públicas – Brasil. I. Título.

                              CDD - 378
                              CDU - 378.1

Sumário

APRESENTAÇÃO
Timothy Mulholland   7

PREFÁCIO
O Sapo e o Príncipe, por Renato Janine Ribeiro   11

PRÓLOGO
Temas e Questões   19

PARTE I - CRÔNICA UNIVERSITÁRIA

1 Ah, Carmina! (O espírito universitário)   29
2 Derrida e o ISC   35
3 Competência Radical (Elvis Costello & Chet Baker)   45
4 Lembranças da Ansiedade Antraz (Medos & Mídia I)   53
5 A Metáfora do Fantasma (Medos & Mídia II)   61
6 De Sementes e Talentos: *Ilê Osufba Aiyê*   71
7 O Cinema Dança   77
8 Réquiem pela Velha Faculdade de Medicina da Bahia   79

PARTE II - COMPROMISSO SOCIAL

9 Ações Afirmativas na UFBA — 93
10 Resistência, Boicote ou Sabotagem? — 101
11 O Sucesso das Cotas na UFBA:
Duas Hipóteses, uma Preocupação — 109
12 Além das Cotas — 113

PARTE III - POLÍTICA UNIVERSITÁRIA

13 Para Abraçar a UFBA — 121
14 Nosso Projeto-Sonho — 137
15 Sobre o Trote — 141
16 A Greve Estudantil — 145
17 Mal-Entendidos da Greve — 153
18 Forças Vivas da Universidade — 161
19 Universidade Pública, Compromisso Social — 165
20 Duplo Corporativismo (Sem Preconceito) — 171
21 A Universidade e as Esquerdas — 175

PARTE IV - REFORMA UNIVERSITÁRIA

22 Um Paradigma Renovado de Universidade:
Comentários Críticos e Esperançosos — 185
23 E agora, José Dirceu? — 193
24 Como Financiar a Universidade Pública — 197
25 Reformas da Universidade: Breve Histórico — 207
26 Modelos de Universidade: no Mundo e no Brasil — 231
27 Sobre a Reforma Universitária:
Proposta de Sistematização do Debate — 243
28 Contra a ALCA-demia — 251

EPÍLOGO – PROTOPIA

Universidade Nova: Nem Harvard, nem Bolonha — 259

REFERÊNCIAS — 297

APRESENTAÇÃO

A Universidade Federal da Bahia (UFBA) e a Universidade de Brasília (UnB) têm a satisfação de apresentar a obra do professor Naomar de Almeida Filho, atual reitor da UFBA, como uma contribuição substantiva ao debate sobre o futuro da universidade brasileira.

Este volume traz as idéias e as reflexões do autor sobre o novo papel dessa instituição no mundo globalizado. Durante sua trajetória como pensador, docente e dirigente de universidade, o professor Naomar publicou textos, proferiu palestras e amadureceu sua concepção da *Universidade Nova*.

Inspirado nas idéias de Anísio Teixeira, intelectual igualmente baiano, o professor Naomar pôde reconceber e recontextualizar, décadas mais tarde, o projeto original – Universidade Nova – implementado na Universidade do Distrito Federal, abortado no final dos anos 1930 e depois incorporado ao projeto inicial da Universidade de Brasília, em 1962.

Essa concepção de universidade é reconfigurada ao longo dos textos do reitor Naomar. Ultrapassa o viés acadêmico-universitário, incorporando uma visão cultural-humanista de quem almeja uma universidade com competência acadêmica para poder exercer um papel comprometido com as transformações de seu tempo e sociedade.

"Nem Harvard nem Bologna" e "contra a ALCA-demia", *Universidade Nova* propõe implantar uma arquitetura acadêmica com formação básica interdisciplinar, integrar a graduação e a pós e projetar condições mais qualificadas para a pesquisa, num modelo próprio, ajustado à diversidade brasileira e, por isso mesmo, capaz de valorizar a extensão universitária. Supera o elitismo e a exclusão social inerentes à universidade tradicional. Viabiliza a integração das universidades brasileiras à rede mundial de instituições acadêmicas cultural e cientificamente qualificadas, que propiciará um novo trânsito internacional de docentes, pesquisadores, estudantes e gestores nos circuitos mundiais de produção e circulação de conhecimento e de cultura no século XXI.

Assim, a obra enquadra-se perfeitamente na *Série* "Em Questão", que começou com o volume intitulado *Universidade em Questão* em 2003, com 29 textos de estudiosos brasileiros. *Universidade no Mundo* (2004) foi o segundo volume – uma coletânea de 24 artigos de *experts* dos principais países dos diversos continentes. O professor Lauro Morhy, então reitor da UnB, organizou esses dois volumes. O terceiro, *Os Usos da Universidade* (2005), é a tradução do livro *The Uses of University*, de Clark Kerr, chanceler da Universidade da Califórnia nos anos 1960, uma das mais preciosas referências sobre as perspectivas de uma universidade identificada com o mundo contemporâneo.

Universidade Nova surge no momento certo e oportuno, como uma importante contribuição para projetar uma instituição de ensino

Apresentação
Timothy Mulholland

superior qualificada para produzir conhecimento e responder pela tarefa de contribuir para as transformações sociais que nosso país tanto necessita.

Como talvez dissesse Renato Janine Ribeiro, que prefaciou esta obra, "com este livro realiza-se o projeto em que príncipe e sapo conseguem beijar-se", ou seja, a universidade do mérito, da excelência acadêmica consegue também ser a universidade do compromisso com a sociedade de seu tempo.

Brasília, 29 de dezembro de 2006.

Timothy Mulholland
Reitor da Universidade de Brasília

PREFÁCIO
O SAPO E O PRÍNCIPE

Renato Janine Ribeiro

Unir dois anseios fundamentais, porém com freqüência opostos nos discursos e nas práticas de quem vive a universidade, eis a proposta deste livro, eis também um dos pontos que nos aproximam, seu autor e eu. Queremos um ensino superior que siga valores que são os de um Iluminismo muito expandido, muito modificado; são valores iluministas na medida em que o projeto de liberdade, igualdade e fraternidade continua fecundo, mas vai além desses valores uma vez que foram construídos como demasiado europeus, não chegando a mundializar todas as suas promessas. Isso implica duas coisas. A primeira é que o mundo da universidade esteja comprometido com a transformação social. É muito difícil ser brasileiro e sentir-se neutro em relação à violência que é a injustiça social, crime esse do qual acabaremos, se não lutarmos contra ele, sendo cúmplices.

Mas há uma segunda coisa, que é a exigência de que em nossa ação demonstremos competência, o que Naomar chama de

Universidade Nova: Textos Críticos e Esperançosos

"competência radical". Radical, aqui, não é apenas um superlativo que multiplica o substantivo que vem qualificar. Radical é ir até as raízes e, assim, pensar a competência não como um fim em si, mas como um meio de avançar longe, de ganhar o infinito.

Nos últimos vinte anos, vivemos no mundo uma experiência curiosa e por vezes chocante. Desde Marx, a esquerda tinha sido capaz de gerar instrumentos de gestão novos e poderosos. O ano de 1929, com a quebra da Bolsa de Nova York, pôs a nu a ineficiência do capitalismo em pontos que o marxismo podia enfrentar, especificamente um, o planejamento, do qual não podemos esquecer que é obra basicamente soviética. Durante muito tempo, aliás, uma das formas de se referir ao comunismo era como "economia planificada". E hoje é raro o país *capitalista* que não tenha seu Ministério do Planejamento. A idéia de que o mero jogo dos agentes econômicos fosse capaz de produzir a melhor sociedade foi sendo aposentada.

Enquanto isso, direita e esquerda tinham valores — e finalidades — bem delineados e, claro, opostos. Mas, nas últimas décadas do século passado, isso mudou. Senti isso um dia, na Inglaterra, em 1992, quando assistia pela televisão ao congresso do Partido Conservador, em Bristol ou Brighton, creio eu. Sucessivas velhinhas subiam ao púlpito e atacavam um projeto de lei – de seu próprio partido! – que liberaria o comércio aos domingos. Aliás, nas grandes cidades, como Londres, o grande comércio já abria mesmo sem autorização legal, e a polícia, espantosamente para a tradição britânica de respeito à lei, nada fazia. Pois elas criticavam essa política, e o projeto que a legalizaria, em nome do domingo, dia do Senhor, quando a família se reunia para um almoço em conjunto. Se fossem os trabalhistas, é claro que o argumento seria diferente, nada tendo de religioso e pouco de familiar. Mas o espantoso é que essas senhoras, velhas *tories*, tudo o que diziam caía no vazio. Dava para perceber que, desde Thatcher, os conservadores não tinham mais fins, valores – ou, pelo menos, não os seus fins e valores tradicionais: à defesa da família tinha sucedido a busca da vantagem e do êxito individual acima de tudo.

Ao mesmo tempo em que essa mudança na direita se tornava visível, dava para perceber que as tradições de gestão que a esquerda inventara chegavam ao fim. Na era da informática – e nem havia Internet naqueles anos, não na difusão que hoje alcançou –, como utilizar procedimentos de controle físico? A esquerda havia gerado uma concepção mais ou menos burocrática de gestão, com documentos a preencher, papéis a cuidar, revistas nas pessoas, e isso foi se tornando, não digo desnecessário, mas quase impossível.

Em suma, tudo isso podia se resumir na seguinte fórmula: a direita perdeu o sentido dos fins e tornou-se excelente no domínio dos meios, ao passo que a esquerda manteve um valor fundamental, importante, que chamarei de solidariedade, mas perdeu a capacidade de cuidar dos meios. O desafio então, como agora, para quem é de esquerda e deseja ir além das meras palavras, é como realizar fins que são válidos – os do respeito ao outro, da liberdade, do fim da miséria – com meios que não podem, mais, ser os que convencionalmente aderiam a eles.

É assim que entendo a proposta, que faz Naomar, da competência radical. Para se mudar o mundo, é preciso competência. É evidente que a mera discussão a seu respeito, assim como o debate apenas sobre a honestidade, que tomaram conta da política brasileira, podem ser forte cortina de fumaça a esconder a disputa entre valores. Mas nem a competência, nem a honestidade, podem ser meros álibis.

Podem constituir a ponta-de-lança de projetos de mudança social que sejam honestos e competentes.

A competência é uma boa porta de entrada para pensarmos a responsabilidade que a universidade tem em relação à sociedade. Por mais que nos incomode o relativo descaso social pela educação, não deixa de ser verdade que a profissão universitária tem vantagens significativas. Os pesquisadores fazem o que querem. Não são muitos, em nosso mundo, os que trabalham segundo o seu desejo. Somos pagos para isso. Devemos então, à sociedade que nos criou e nos financia, um retorno. A forma *mínima* deste retorno é fazer bem o que fazemos. A forma *expandida* desta dívida é fazermos com que a vida acadêmica melhore a vida social. Há vários modos de efetuar isso. Mas, para o conseguirmos, é preciso talvez pegar o príncipe e o sapo da vida universitária.

Se olharmos as pró-reitorias de uma universidade, uma é do príncipe: a de pesquisa, às vezes unida à de pós-graduação. Lida com o *filet mignon* da academia. Gravitam em seu entorno os líderes de pesquisa. Obtém o respeito maior de seus pares. E há uma pró-reitoria que é do sapo: a de extensão. Reduz-se muitas vezes à mera difusão do conhecimento. Os melhores descobrem, inventam, criam. No fim da fila, há aqueles que transmitem, a quem está fora da universidade, algo do que esta gerou. A meio caminho entre a primeira e a última, encontram-se as atividades de ensino. Delas, o que o público externo, e parte do interno, enxerga é a graduação. Posso dizer, sem risco de errar, que quem não sabe o que é uma universidade pensa que ela se resume ao curso de graduação. Este, por sinal, é um dos erros de alguns dos defensores das cotas (embora eu deva esclarecer que as defenda), porque pensam que a educação superior é apenas a diplomação de pessoas, aos vinte e poucos anos, para exercer com melhores condições uma profissão. Ora, a

Prefácio – O Sapo e o Príncipe
Renato Janine Ribeiro

graduação é o resultado de uma série de conexões que ficam mais ou menos ocultas a quem não conhece bem a universidade.

Penso que a pós-graduação é o *grande segredo interno* da vida universitária. Poucos, fora da academia, sabem de sua importância. Ela é até mais relevante do que a pesquisa, não só porque boa parte da pesquisa se faz na pós-graduação, como porque ela assegura que a pesquisa continue, que o pesquisador forme discípulos e se defronte com críticos. A pesquisa sem jovens corre o risco de não ter continuidade e não ter confronto.

Este é um rápido desenho do que são as pró-reitorias canônicas de uma universidade, aquelas que constroem seu arcabouço principal. Há uma bem visível e outra bem sigilosa; há uma que reúne o maior prestígio e outra, que é a menos prezada. No entanto, este desenho, se realista, não corresponde ao que uma universidade *deve ser*.

Numa boa universidade, seria bom começar pelas duas pontas e articulá-las de perto. O sapo e o príncipe têm de estar bem próximos: atrevo-me a dizer que deveriam beijar-se. A universidade não pode estar fechada em si mesma: esta proposição vale para as quatro atividades. No caso da pesquisa, significa que ela tem de expor o que produz e aprender com o que se faz fora – fora da instituição, fora do país. No da pós-graduação, quer dizer que tem de formar seus alunos mais qualificados para se meterem mundo afora e que deve receber gente de fora para se sentir desafiada e rejuvenescida. No da graduação, significa que forma pessoas para o que, hoje, não é mais a profissão; pois vivemos num mundo não pós-profissional, mas pelo menos em que o diploma não garante uma profissionalização num lugar preciso. Dados seguros afirmam que a maioria dos que recebem um diploma – dentre os quarenta e poucos regulamentados em lei – e que, portanto, garantem uma reserva de mercado, apesar disso vão acabar exercendo sua atividade profissional *fora* da área em que se diplomaram. No caso da extensão, finalmente, isso significa que a universidade deve ter uma clara visão do que é a sociedade na qual, da qual e para a qual ela vive. E isso converte a extensão, de sapo, em príncipe.

Nossa proposição é que a universidade tem de ter uma visão da sociedade. Essa visão não pode ser partidária. É política, mas num sentido muito amplo: o do compromisso com valores como os iluministas ampliados, a supressão da miséria, a redução da desigualdade, a melhora da qualidade de vida. Tais objetivos podem ser atingidos com uma agenda socialista, mas também com uma agenda liberal. Sobre isso, não cabe à instituição opinar. Nada pior do que um curso que forma pessoas só numa destas direções. Mas a universidade boa deve ter uma estratégia para a sociedade. O que ela quer, o que ela pode dar para o mundo em que vive? Imagino uma universidade com assessores no Parlamento, não para fazer *lobby* por ela, mas para que melhorem a qualidade dos projetos que lá são apresentados. Imagino uma universidade que difunda uma grande quantidade de projetos de vida, projetos para indivíduos ou para grupos. Podem ser tanques para criar peixes no rio São Francisco, fonte de proteínas e de renda. Podem ser narrativas que mostram que há outros caminhos para a vida além dos convencionais. Podem ser formas de aumentar a renda dos pobres, de investir nos seus motivos de orgulho.

O que *não* pode existir na universidade é uma coisa só: timidez. A universidade tem razões para mostrar que trabalha pela sociedade e que fez, como continua fazendo, muito por ela. Mas precisa apostar nisso. O que não podemos aceitar é uma postura defensiva, que quando ouve "universidade e sociedade" entende "universidade e mercado". A sociedade é mais do que o mercado, e a universidade é um dos espaços que mais condições tem de fazê-la expandir-se na direção de sua grandeza possível.

Prefácio — O Sapo e o Príncipe
Renato Janine Ribeiro

* * *

Daí, projetos. Uma universidade que planeje a qualidade deve também pensar em como reparti-la. A apropriação social do conhecimento, sua conversão em ação, é tão importante quanto sua geração inicial. Isso significa projetos que têm data de validade. Por exemplo, uma proposta de cotas. Cotas são um mal menor. Beneficiam poucos, da vasta multidão de excluídos. Num país mestiço, não é tão fácil saber quem é, quem não é, afro-descendente. Mas, quando se argumenta que as cotas vão introduzir (*sic!*) o racismo, basta responder que há profissionais perfeitamente capacitados a triar quem é branco ou mulato, quem é privilegiado ou discriminado: porteiros de prédio, por exemplo. Nossa sociedade foi extremamente eficaz nesse treinamento de pessoas, muitas vezes também mulatas ou negras, que sabem excluir os discriminados. Nessa hora, ela nunca teve dúvidas sobre a cor da pele das pessoas. Essas dúvidas somente se tornam insuportáveis, e desponta o risco de surgir (surgir?!) o racismo, quando aparecem políticas de discriminação *positiva*. A discriminação fruto do preconceito jamais causou problemas. A discriminação compensatória, terapêutica, com prazo para ser extinta, é condenada. Mas ela é a única saída que até agora foi delineada para reduzir a distância entre as classes e as cores. É bom que várias experiências estejam sendo conduzidas nesta direção. Saliento, entre elas, a da Unicamp, que dá um bônus aos egressos da escola pública e um adicional quando estes são afro-descendentes, e a da UFBA, que tem prazo de validade. Também sugeri, quando se debatia a reforma universitária, que houvesse um porcentual máximo de diferença admissível entre as notas do vestibulando cotista e do não cotista. São experiências. Porque as cotas devem redesenhar as cores na sala de aula e na classe média e ceder lugar a uma escola pública, no ensino fundamental e médio, melhor e menos desigual.

Universidade Nova: Textos Críticos e Esperançosos

* * *

Como concluir esta apresentação? No começo de 2004, quando me tornei diretor de avaliação da Capes, recebi a visita do reitor da Universidade Federal da Bahia, que eu não conhecia. Naomar me mostrou que levava, na pasta, uma cópia xérox de partes do meu livro *A universidade e a vida atual*, que eu desejei intitular *Fellini não via filmes*, mas não pude, porque a editora receou que fosse comprado por cinéfilos que, depois, se sentiriam logrados. Fiquei, claro, muito feliz. Conversamos sobre idéias, idéias na universidade. Fomos nos tornando amigos. Este é um prefácio escrito com amizade, mas também com uma convicção séria: concordamos em valores essenciais para a universidade.

Sete Praias, agosto de 2006.

PRÓLOGO
TEMAS E QUESTÕES

Este pequeno livro foi inspirado em dois textos.

Em 2002, um amigo me passou uma fotocópia do ensaio *The future of the city of intellect*, de Clark Kerr. Trata-se de um dos capítulos centrais da mais importante obra sobre a história recente da universidade de pesquisa na tradição anglo-saxã. Felizmente a Editora UnB publicou recentemente uma tradução revisada e atualizada desse clássico sobre a universidade (KERR, 2005). No livro, o autor tenta compreender a turbulência ideológica e política que o atingiu (e quase o abateu) quando reitor da Universidade da Califórnia em Berkeley durante a fase da contracultura. Apresenta como modelo de explicação uma perspectiva sociológica eclética e eficiente, baseada numa fartura de dados, informações e argumentos, precisos e convincentes.

Simpatizante do pensamento progressista norte-americano, que depois gerou a noção do "politicamente correto", Kerr estranha as reações e críticas que sofreu como gestor. Nisso, exibe aquela humildade arrogante que caracteriza os *scholars* norte-americanos. Não obstante, expõe-se e à sua matriz institucional com uma clareza confessional desconcertante, beirando a ingenuidade. Os conceitos de "cidade do intelecto" e de "multiversidade" de imediato me pareceram atraentes e úteis para melhor entender a complexidade da instituição cuja responsabilidade de gestão me fora passada ao assumir, naquele ano, a Reitoria da Universidade Federal da Bahia.

No ano seguinte, minha mulher presenteou-me com um exemplar de *A universidade e a vida atual,* de Renato Janine Ribeiro (2003). Li-o com avidez, nos intervalos das inúmeras viagens aéreas na batalha anual pelo orçamento federal. Fiquei fascinado por suas críticas ao pensamento causal (e à planificação baseada em necessidades) que convergiam para a valorização do imprevisto e elogio das pequenas certezas. Apreciei seus argumentos em favor das humanidades como eixo da cultura universitária e sua visão da universidade enquanto instituição social que efetivamente incorpora uma missão civilizatória, com responsabilidade perante a sociedade e a cultura. Sua abordagem "felliniana" da universidade introduz as dimensões subjetiva e simbólica do cotidiano, justificando filosoficamente o que há muito me parecia óbvio: a necessidade de abertura da instituição acadêmica para a sociedade que a abriga e sustenta, indo além do Estado e do mercado, incluindo família e movimentos sociais.

Graduado no Brasil, porém com doutorado em uma universidade norte-americana, com passagens como professor visitante por várias instituições universitárias, eu trazia algumas idéias vagas sobre o espírito universitário – sentimentos de alegria no compartir, solidariedade, sensação de unidade, pontas de orgulho faustiano etc. – e sobre o conhecimento no mundo e na vida – superação de fronteiras disciplinares, compromisso social,

Prólogo – Temas e Questões
Naomar de Almeida Filho

valorização da competência, flexibilidade epistemológica, provisoriedade etc. – que me sentia inseguro em formular, consciente da sua inadequação à cultura política dominante. A obra de Renato Janine me trouxe uma daquelas microcertezas, a de que não estava só, pelo menos conceitualmente, ao projetar o que imaginava como genuíno espírito acadêmico aplicado a uma proposta de gestão solidária e de sustentação financeira da instituição universitária.

Fica de pronto evidente que, no primeiro caso, a inspiração foi resultado de empatia e, no segundo caso, de simpatia.

* * *

Este livro compõe-se de quatro seções.

Na primeira seção, trago à consideração dos eventuais leitores alguns ensaios em torno da Universidade, escritos no período 2002-2006, meu primeiro mandato na Reitoria da UFBA. Os temas, às vezes camuflados ou tratados indiretamente, cobrem um largo espectro: da díade competência-talento ao sentimento que podemos chamar de espírito universitário; da responsabilidade perante a cultura civilizada ao engajamento em instituições como resposta frente à ansiedade da vida e ao medo do futuro. Em alguns textos exponho reflexões e vivências pessoais. Há uma concentração em duas áreas – as Artes e a Medicina – compreensível, no primeiro caso, por me confessar um amante das artes, mesmo sem ter maior talento artístico, e, no segundo caso, por ter sido a Faculdade de Medicina minha via de entrada como aluno e como docente na instituição universitária. Nesses ensaios, assumo que faço uma apologia aberta do talento e do novo na Universidade.

Realmente, a noção de talento é atualmente quase esquecida na Universidade; pior, esconde-se como se fosse motivo de

Universidade Nova: Textos Críticos e Esperançosos

vergonha. Lamento muito. Isso porque sei que as universidades foram concebidas como casas da inteligência e da criatividade, destinadas a acolher e aperfeiçoar talentos. Aproveito então essa seção para introduzir o conceito de competência radical, como resultado do cultivo de formas puras e aplicadas dos diversos talentos na arte e na ciência. Quanto à apologia do novo, sustento no texto (e espero que também nos meus atos como gestor institucional) que o medo da novidade constitui uma traição ao verdadeiro espírito universitário, por definição, comprometido com a transformação do mundo.

Na segunda seção apresento inicialmente a estrutura do Programa de Ações Afirmativas que implantamos na UFBA em 2004. Em seguida, proponho avaliar o debate provocado no seio da universidade por tal iniciativa e os movimentos de reação individual ou coletiva a programas de inclusão social. Defendo que não há paradoxo entre manter a universidade como instituição de excelência e nela acolher segmentos sociais anteriormente excluídos do acesso aos valores da cultura e da civilização. Não obstante, faço uma advertência quanto ao risco de perversão social das ações afirmativas se os jovens beneficiados pela mobilidade daí advinda reproduzirem o sistema de opressão, discriminação e exclusão social do qual foram vítimas. Concluo essa seção postulando que acesso de negros, índios e pobres às universidades não é em si garantia de inclusão e mobilidade social e que, portanto, precisamos de mais do que cotas, emergenciais e temporárias. As oportunidades devem ser verdadeiras e completas, pois, além de ações afirmativas, a sociedade precisa oferecer a seus jovens talentosos e promissores condições de sucesso profissional e pessoal.

A terceira seção aborda temas de política universitária senso-estrito, com escritos organizados cronologicamente. Começa com

Prólogo – Temas e Questões
Naomar de Almeida Filho

um texto que sintetiza o nosso programa de trabalho ao assumir a Reitoria da UFBA, transcrito diretamente do último debate eleitoral. Na seqüência, compartilho com os eventuais leitores reflexões sobre assuntos diversos, do trote ao calendário, do corporativismo à greve estudantil, sempre ressaltando elementos de crítica política, em nível micro e macro, que considero importantes para compreender a fase histórica por que passa a universidade brasileira.

Dois grandes temas articulam esta seção: a identidade da Universidade enquanto instituição da cultura (o que define a natureza peculiar da política universitária) e a ética na política institucional. Por respeito à riqueza e diversidade da cultura, da ciência e da arte, não faz sentido se falar em universidades de disciplinas, de especialidades ou de profissões. Por essa razão, a Universidade implica uma identidade maior e mais profunda do que as identidades disciplinares ou profissionais das faculdades e escolas que a compõem. Definida como instituição de formação, a Universidade não apenas opera formas eficientes de instrução, mas oferece oportunidades de crescimento intelectual, cultural, político e humano. Isso remete a questões éticas especiais, como o *underground* político que infelizmente dominou a cena brasileira nos últimos anos e a convergência entre esquerdismo acadêmico e a neo-direita elitista na universidade contemporânea.

A última seção trata especificamente da Reforma Universitária. Considero que a superação da crise da universidade brasileira mediante uma profunda reestruturação das instituições é condição necessária para a construção de um projeto viável de nação. Todavia, constato na comunidade acadêmica – todos, alunos, servidores e docentes – enorme desinformação sobre a evolução histórica da instituição universitária, sobre os modelos de universidade vigentes no mundo e sobre o assunto da reforma em-si. Por isso, abro a seção com um ensaio sobre os modelos de ensino superior que forjaram a universidade como instituição política e social, seguindo-se uma breve discussão sobre história e estrutura do ensino superior no mundo e no Brasil, destacando as iniciativas de reforma universitária.

Em outro texto, pensado inicialmente como prefácio para um livro, que nunca pude começar a escrever, antecipo uma proposta de sistematização do debate da reforma do ensino superior como resposta às posições que identifico como "inimigas da Reforma Universitária": o niilismo militante, a enganação intelectualista e o imediatismo burocrático. A seção inclui ainda dois textos. Em um deles, conto a história das reformas universitárias, no mundo e no Brasil. Em outro, examino os modelos de arquitetura curricular vigentes no mundo contemporâneo, destacando especialmente o modelo norte-americano de *college + graduate schools* e o modelo europeu unificado pelo Processo de Bolonha. Em um pequeno texto esperançoso, proponho, como defesa contra a ofensiva do internacionalismo acadêmico de base mercantil, um novo modelo de universidade, internacionalizada "do nosso modo", a emergir do intercâmbio entre a rede universitária brasileira e a matriz intelectual e cultural do continente europeu, renovada pelo Processo de Bolonha. Reafirmo, enfim, que é chegada a hora de construir um tipo diferente e renovado de instituição universitária, capaz de atuar como instrumento eficiente de internacionalização da educação superior, orientado para o desenvolvimento com justiça e bem-estar social.

Por trás da multiplicidade de temas e questões, de argumentos e personagens, escrevo enfim sobre o vínculo que nos une, o pacto que nos sustenta, nesta invenção que se chamou de Universidade.

Prólogo – Temas e Questões
Naomar de Almeida Filho

Ao expor estes textos à crítica dos leitores, reafirmo a posição de que vale a pena dela participar e por ela lutar.

* * *

No conjunto dos textos críticos, concluo que, apesar de crises, problemas e obstáculos, a instituição universitária efetivamente incorpora a missão de produzir e difundir ciência, arte, conhecimento e cultura. Mas, além disso, busco compartilhar alguns pensamentos esperançosos, ao propor que a maneira mais respeitosa de trazer a Universidade para perto do povo é fazendo muito bem o que ela sabe de fato fazer. Por isso, creio que bem se justifica priorizar a excelência e a competência, pois de nada adiantará à Universidade ser pública, aberta e bem intencionada se for improdutiva, medíocre e desvalorizada. Para que serviria o compromisso social de uma instituição incompetente, incapaz de tornar realidade suas propostas? Quem respeitaria suas lutas e seus projetos transformadores, cheios de boa-intenção, mas vazios de eficiência? Retornamos assim ao conceito de competência radical. Em suma, proponho reconhecê-lo como essencial para concretizar o compromisso social da Universidade contemporânea.

Muitos desses escritos já foram publicados, como crônicas em jornais de grande circulação ou como apresentação de livros ou programas de eventos. Alguns foram divulgados internamente na UFBA sob a forma de documentos da administração. Outros são inéditos. Com a inestimável contribuição de Denise Coutinho, minha companheira e colega, severa crítica de forma e conteúdo dos meus ensaios de escritura, revisei-os todos para de algum modo padronizar estilo e evitar repetições. Vários títulos foram modificados, mas os títulos originais são informados nas respectivas referências indicadas em notas de rodapé. Agradeço finalmente aos numerosos colegas (tantos que me é impossível citá-los nominalmente) que colaboraram com críticas e valiosas sugestões, permitindo aprimorar vários dos textos que compõem este volume.

Piatã, Salvador, Bahia.
Setembro de 2006.

Parte I
Crônica Universitária

AH, CARMINA! (O ESPÍRITO UNIVERSITÁRIO)*

Texto 1

O que Carmina tem a ver com o cinqüentenário da Universidade Federal da Bahia?

Pelo menos para mim, tudo a ver. O ano: 1971. Salão Nobre da Reitoria, lotado, muito calor, o Coral da UFBA, com 50 vozes. Em recital, a ópera *Carmina Burana,* de Carl Orff. Interpretação poderosa, arrebatadora. A força do coro entusiasmado contagiava a platéia. De pé, cansamos de aplaudir. Saímos cantarolando a ária *Oh, Fortuna*! que abre e fecha a peça. Aí, pela primeira vez, senti baixar o espírito universitário. No começo, apenas uma ponta de orgulho que se misturava com a alegria de compartilhar algo muito bom. Depois, uma sensação de unidade, de ser uno com os outros (talvez por isso a chamem de universidade). Nesse dia, tomei uma importante decisão, dessas que dita o destino: faria parte daquela instituição.

---

* Publicado em *A Tarde*, 20 ago. 1996, por ocasião do Cinqüentenário da UFBA. Republicado como capítulo de uma coletânea, organizada por Edivaldo Boaventura (1996), em celebração aos 50 anos da UFBA.

Universidade Nova: Textos Críticos e Esperançosos

Antes disso, não gostava da universidade. O trauma do trote ainda me marcava. Não podia entender como se fazia e se permitia ritual tão absurdamente primitivo, apenas grosserias e humilhações impostas por bandos de pós-adolescentes arrogantes a seus futuros colegas, perplexos com tanta brutalidade.

Era ainda a transição da reforma universitária de 1968, que na UFBA seria implantada com atraso, além de incompleta e com muitos defeitos. O sistema da cátedra, cópia requentada das universidades francesas e germânicas do século XIX, resistia com unhas e dentes às propostas de mudança para um modelo departamental anglo-saxão. Sabíamos vagamente que se tratava de acordos do regime militar com os americanos, porém nem se cogitava em defender o poder de alguns velhos professores representantes da oligarquia.

No nosso cotidiano, sofríamos mais com a baixa qualidade do ensino. As turmas de prática, fragmentadas em sinuosas combinações de grupos e subgrupos, freqüentavam labirintos e subterrâneos no antigo prédio do Terreiro e se perdiam em sótãos e laboratórios ainda por equipar nos edifícios do Canela. Lembro-me sem saudades das várias sessões de tortura de um coelhinho branco, de olhos vermelhos, que visivelmente sofria quando nele tentavam provocar um eletrochoque com um aparelho desregulado. Nem posso esquecer as peças de anatomia que se desfaziam nas mãos dos auxiliares de tão antigas e manuseadas, nem as famosas aulas teórico-práticas (!?) de experimentos virtuais desenhados no quadro-negro.

Claro que havia exceções: um futuro reitor me impressionava com sua didática elegante, em aulas cuidadosamente organizadas e claras; um instrutor fazia humor-negro de alto nível, tornando interessante algumas aulas práticas de anatomia; um importante pesquisador, paciente e objetivo, sabia transmitir com simpatia as bases científicas do diagnóstico das doenças (e certa vez o seu projetor de slides fez o maior sucesso).

No dia seguinte ao concerto, já havia esquecido minha importante decisão. De volta ao pequeno caos de cada dia, que experimentava discreta melhora (notem que começávamos a aplicar o jargão dos grandes doutores), entrava na batalha por estágios extracurriculares. Todos se punham de acordo que "aí sim é que se aprendia Medicina". Os membros de linhagens médicas não tinham problema, pois herdavam a clínica da família como assistentes dos patriarcas. Pronto-Socorro, Maternidade Tsylla Balbino, hospitais do interior durante as férias, eram disputados pelos outros acadêmicos (este era o título que distinguia os estudantes de Medicina dentro da universidade).

Além disso, começávamos tímida reação à repressão política que na época silenciava a universidade brasileira. Reorganizavam-se clandestinamente embriões de diretórios acadêmicos, editavam-se panfletos e boletins. Nas reuniões intermináveis, realizadas em locais inusitados, desconfiava-se de colegas transferidos, supostamente espiões infiltrados (a nossa turma de 1975 orgulha-se de ter feito a primeira greve universitária depois do AI-5, por melhores condições de ensino e pela liberdade de organização do movimento estudantil).

De todo modo, mesmo sem ter consciência, eu estava já inapelavelmente tomado pelo tal espírito universitário. Quase sem sentir, buscava conviver com os poucos núcleos que naquela época cultivavam a pesquisa e a qualidade do ensino como valores acadêmicos maiores. Assim, escapava como podia do cerco das duas pragas que ainda hoje infestam a sofrida universidade brasileira: os inerciais (a turma do não-adianta) e os comerciais (a turma do bico).

Universidade Nova: Textos Críticos e Esperançosos

Pouco a pouco, fui me convencendo de que, apesar de todos os seus problemas e limitações, a universidade é uma instituição social que efetivamente incorpora a missão civilizatória de produzir e difundir conhecimento e cultura. Terminei concluindo que vale a pena dela participar e por ela lutar. Isto me fez buscar uma formação pós-graduada, voltada para a pesquisa e o ensino universitário. Posteriormente, tive a fortuna de ingressar no antigo Departamento de Medicina Preventiva (DMP) da Faculdade de Medicina, afinal realizando um projeto pessoal carinhosamente construído.

Carmina Burana continuava esquecida.

Há três anos, com quase todos os colegas do antigo departamento, decidimos construir nosso próprio destino. Sonhávamos organizar uma unidade acadêmica autônoma, na área da saúde, materializando o que pensamos ser o genuíno espírito universitário aplicado a um projeto de gestão solidária e auto-sustentação financeira. Criamos então o Instituto de Saúde Coletiva (ISC), uma nova unidade de ensino e pesquisa da UFBA.
O resultado tem sido positivo, avaliando-se por qualquer parâmetro, destacando-se o nível do ensino de graduação e pós-graduação, aliado a um constante incremento de produtividade científica da nossa equipe. Além disso, o instituto vem desenvolvendo uma experiência inovadora de gestão universitária, com uma estrutura organizacional leve e flexível, capaz de responder com eficiência às demandas da sociedade pela competência acadêmica.

Foi aí que reencontrei Carmina (a propósito, Carmina Burana não é o nome de uma linda cortesã, quer dizer simplesmente Canções de Beuren).

Foi em Montreal que reencontrei Carmina Burana. Basílica Marie-Reine-du-Monde, coral da Universidade McGill com 250 vozes, adro lotado. Lá fora um frio glacial, cá dentro uma acústica de arrepiar. Interpretação poderosa, arrebatadora. O coro numeroso e entusiasmado contagiava a platéia. De pé, aplaudimos todo o tempo, longo, que durou a saída do coral multidão. Todos no gelo cantarolavam *Oh, Fortuna! Oh, mores,* com a proverbial discrição canadense. Sentimento de união e solidariedade, alegria de compartilhar algo maravilhoso, depois uma ponta de orgulho.

De repente, lembrei da primeira vez que me senti possuído pelo espírito acadêmico. Só então percebi que tudo fazia sentido: *Fortuna,* deusa romana da Sorte, tem nas mãos a Roda do Destino.

DERRIDA E O ISC*

Texto 2

> Celebrar um aniversário de fundação em uma Universidade, deixando de lado todos os benefícios secundários que se podem esperar de tal comemoração, deveria supor uma confirmação, a renovação de um compromisso e, mais profundamente, a auto-afirmação da Universidade (DERRIDA, 1999, p. 89).

O Instituto de Saúde Coletiva (ISC) da UFBA faz hoje seis anos de existência e realiza a primeira transmissão de cargos de direção. Seus indicadores de desempenho e produtividade com clareza evidenciam o muito que se atingiu em tempo tão curto. Na condição de dirigente da instituição nesse período, constato que nada teria sido possível sem um consenso geral e sustentado da nossa equipe em torno de objetivos e estratégias. Neste momento de celebração, da maior importância para nossa jovial e juvenil instituição, convido-os a uma tarefa muito séria: analisar o pacto que nos sustenta, o laço que nos une.

---

* Texto apresentado por ocasião do 6º Aniversário do Instituto de Saúde Coletiva da UFBA. Salvador, 31 de maio de 2000.

Nos materiais de divulgação do ISC, elaborados na primeira metade da sua fase de implantação, encontramos uma lista de princípios que, como principal gestor e eventual porta-voz da instituição, me comprazia apresentar a visitantes e simpatizantes (claro que o fazia imediatamente após contar, em tom épico, o nosso mito de criação). Os princípios do ISC seriam: gestão coletiva e solidária, pesquisa como eixo central das atividades, compromisso social e político, valorização da competência na produção e da qualidade nos produtos, auto-sustentabilidade, maximização de recursos e superação de fronteiras disciplinares.

O mito de fundação do ISC consistia na narrativa de como se construiu um pacto em torno de tais princípios e como a instituição se estruturou a partir desses princípios. Porém princípios e mitologias traduzem explicações e não compreensão, fundam crenças e não racionalidade, o que não satisfaz uma reflexão crítica tão necessária neste momento.

Mario Testa, carinhoso padrinho do nosso Instituto, nos ensina que consensos não se constroem mediante processos racionais e sim pela mobilização política de interesses e desejos. Enfim, todo pacto resulta de um processo político.

Jacques Derrida, talvez o último grande filósofo da geração de Foucault e Althusser, nos diz que mito e fraternidade revelam antigas terapias, respectivamente simbólica e social, frente aos fantasmas da orfandade, da angústia e do terror. Há limites para ambas, como veremos. Como terapia moderna e defesa mais estritamente social contra esses fantasmas, Derrida introduz a questão da responsabilidade política. O curioso é que, ao fazê-lo, por ocasião do centenário da *Graduate School* da Universidade Columbia (que não quer dizer curso de graduação – o porquê desta anotação só pode ser compreendido por quem conhece o ISC),

Derrida refere-se especificamente à invenção da universidade, em um tom de arrepiante sintonia com este momento:

> Se pudéssemos dizer *nós* (mas eu já não disse?), talvez nos perguntássemos: onde estamos nós? Quem somos na Universidade em que aparentemente estamos? O que representamos? Quem representamos? Somos responsáveis? Do quê e perante quem? Se há uma responsabilidade universitária, ela começa pelo menos no instante em que se impõe a necessidade de ouvir essas questões, de assumi-las e respondê-las. Esse imperativo de resposta é a primeira forma e o requisito mínimo da responsabilidade. Pode-se sempre deixar de responder e recusar a interpelação, o apelo feito à responsabilidade. Pode-se até mesmo fazê-lo sem forçosamente calar. Mas a estrutura desse apelo é tal, tão anterior a qualquer resposta possível, tão independente, tão dissimétrica por vir do outro em nós, que a própria não-resposta se carrega *a priori* de responsabilidade. Então, prossigo: o que representa uma responsabilidade universitária? (DERRIDA, 1999, p. 83)

Vejamos primeiro o tema das mitologias institucionais, compreendendo fundamentalmente mitos de origem ou mitos de fundação. O que contam os mitos de origem? Histórias de resistências, separações, heroísmos, sofrimentos, conquistas, vitórias... Sabemos que os mitos de fundação não passam de racionalizações *a posteriori*, construídas e reconstruídas cada vez que o mito é recontado. Também sabemos que não há diferença de natureza entre mito e história. Toda história refere um passado recriado e re-escrito nos termos de um presente. O que fomos é sempre narrado a partir do que somos.

A fraternidade constitui a base de um pacto entre irmãos destinado a protegê-los do terror da orfandade. Essa idéia teria despertado muita polêmica na discussão da famosa divisa da

Revolução Francesa – Liberdade, Igualdade, Fraternidade. Achavam-na demasiadamente cristã. Derrida (2001) ironiza este fato como um equívoco histórico, indicando as raízes da idéia de fraternidade na Grécia pagã. Fraternidade vem da noção ateniense de "amizade política".

A fraternidade revolucionária queria escapar da racionalidade patriarcal (*fils du Dieu, du Roi, du Père*). Era preciso desconstruir a genealogia da dominação patriarcal pela prática (e pelo trabalho, enfim) de construção da cidadania (na Revolução) ou da autonomia (na instituição). Porém a conquista da autonomia passava pelo respeito à diversidade, pela valorização das diferenças, enfim pela superação da heteronomia. Esta questão é de fato muito atual, pois se encontra fortemente presente neste momento histórico de reinvenção da política pela via da responsabilidade.

Para Derrida (2000), a determinação da responsabilidade (intelectual, cívica, social, política) encontra-se na ausência de álibi. O que ele quer dizer com ausência de álibi? Trata-se de uma situação radical em que não cabem desculpas para atos e omissões, não há onde se esconder frente aos desafios, não se tem a quem recorrer para cumprir uma missão. Aos sujeitos que tentam construir um álibi para a própria omissão, resta o refúgio do que proponho designar como instituições severas.

Não obstante, e em contraposição, pelo menos como projeto histórico, admito a possibilidade de instituições sinceras. Uma instituição sincera é aquela construída e sustentada por sujeitos sem álibi.

Atualizando famoso escrito de Kant intitulado *O conflito das faculdades*, Derrida (1999) fala também que o saber não tem álibi e que a universidade moderna teria sido inventada justamente para semear e cultivar o senso fundamental de responsabilidade em um momento crucial da história humana. Para os sujeitos (individuais e coletivos) que se definem pelo engajamento na produção do conhecimento, não há como escapar dos apelos e demandas (de sujeitos destruídos pelas desumanidades e grupos sociais massacrados pelas iniqüidades) ao saber transformador da sociedade. Não existe álibi para fugir de compromissos sociais e históricos simplesmente porque a sociedade está aí, e nela estamos todos, e a história não cessa de se construir.

Importa assinalar que o que somos agora permite rever nossa própria história, o que abre a possibilidade de recriá-la. Superar mitos infantis é sinal de crescimento e maturidade. Não sei se já teremos atingido tal estágio, porém é certo que crescemos. Alguns acham até que já nos consolidamos como instituição. Para não deixar que a consolidação se transforme em solidificação e depois em paralisação, precisamos constantemente avaliar nossa posição como sujeito coletivo (e, portanto, avaliar nossa própria instituição) na maior sinceridade e humildade possíveis.

Isto implica fazer uma re-flexão, que etimologicamente significa curvar-se novamente, dobrar-se sobre si mesmo, meditar, prestar contas, olhar para o próprio umbigo (o que é saudável de se fazer às vezes, sem pudores nem temores). Numa acepção mais rigorosa, re-flexão implica a desconstrução de uma dada instituição, grupo de pensamento ou discurso por seus próprios membros ou enunciadores. Como esta referência filosófica pode nos ajudar a compreender o laço que nos une em um pacto que, enfim, sustenta a nossa instituição? Pensei em duas hipóteses.

Hipótese 1: O consenso do grupo do ISC seria conseqüência histórica de um acordo entre irmãos. Assim, o nosso sujeito coletivo

Universidade Nova: Textos Críticos e Esperançosos

(alunos, docentes, pesquisadores, funcionários) formaria uma fraternidade revolucionária. Há pelo menos três objeções a essa hipótese.

Primeiro, como vimos, a fraternidade histórica pretendia escapar da racionalidade patriarcal tanto quanto a frátria mítica se constituíra como rebelião à dominação paterna. No ISC de hoje e no DMP de ontem, não me recordo de nada nem de ninguém que se pareça com um patriarca.

Em segundo lugar, no antigo departamento, um dos nossos problemas era justamente a resistência da egrégia Faculdade de Medicina frente a um grupo que, com seu trabalho, demonstrava a possibilidade de conquista da autonomia por meio de ação heterônoma no interior da própria instituição.

Em terceiro lugar, a idéia de fraternidade é eminentemente masculina, e o ISC nunca foi realmente um domínio de homens. Agora, mais ainda, pois temos mulheres no comando. Seremos obrigados a remexer a frátria, reinventando-a feminina (o que, aliás, não desagradaria a Derrida).

Ainda assim, no ISC, temos sempre cultivado uma forte "amizade política", certamente curtida e reforçada nos tempos primeiros da fundação. Esta amizade se baseia na valorização das diferenças, no respeito à diversidade, na consciência dos limites de cada um e na confiança da capacidade do grupo uno-diverso que nos identifica. Curiosamente, temos buscado construir uma autonomia viável no plano coletivo mantendo, respeitando e fomentando a heteronomia no plano individual. Em uma obra mais recente, Derrida (2003) indica que autonomia simultaneamente com heteronomia dos sujeitos e da rede institucional e social que ancora a universidade moderna constitui uma definição quase paradoxal da autonomia universitária.

Hipótese 2: O pacto do nosso sujeito coletivo seria fruto de um grande senso de responsabilidade universitária. Nessa hipótese, o ISC significaria o projeto de uma instituição sincera.

Isso implica outra história de fundação: por contingência e não por necessidade, alguns sujeitos sem álibi se engajaram (e foram engajados) em um processo sem retorno de fundação institucional e de construção de uma nova responsabilidade. Os princípios do ISC referidos acima mantêm-se válidos não como decálogo ou mito de revelação mas como diretrizes ou requisitos para uma responsabilidade universitária, social e civil, *anima* dos movimentos de sujeitos coletivos e dos atos de sujeitos individuais, buscando superar os tacanhos limites intradisciplinares ou intradepartamentais da instituição e dos seus lugares políticos. Creio que a hipótese de que padecemos de um síndrome de senso de responsabilidade mostra-se consistente com a formação, posicionamento e atuação dos quadros docente, técnico-administrativo e discente do ISC.

Vale a pena retornar a palavra mais uma vez para Jacques Derrida (1999, p. 108):

> Não sei se existe hoje um conceito puro da responsabilidade universitária e, em todo caso, não posso dizer, neste lugar, todas as dúvidas que nutro a respeito. Não sei se um código ético-político legado por uma ou várias tradições é viável para tal definição. Mas a responsabilidade mínima hoje, e em todo caso a mais interessante, a mais nova, a mais forte para quem pertence a uma instituição de pesquisa ou ensino, talvez seja tornar tão claros e tão temáticos quanto possível uma tal implicação política, seu sistema e suas aporias. [...] Por tematização tão clara quanto possível entendo isto: colocar ou reconhecer com os estudantes e a comunidade dos pesquisadores que, em cada uma das operações que juntos tentamos (uma leitura, uma interpretação, a construção de um

> modelo teórico, a retórica de uma argumentação, o processamento de um material histórico e até mesmo uma formalização matemática), um conceito institucional é posto em jogo, um tipo de contrato assinado, uma imagem do seminário ideal construída.

Nosso filósofo fala de um conceito institucional posto em jogo na prática da responsabilidade universitária. Como terapia política para esta nova etapa do Instituto de Saúde Coletiva, já não bastam novas mitologias e mais fraternidade. Reforçar ainda mais os laços da "amizade política", celebrar os encontros e rituais de sociabilidade e de produção, revigorar os sentimentos de orgulho pela instituição a que pertencemos, serão certamente elementos importantes. Como terapia política efetiva, contamos com a tematização do sentimento essencial de responsabilidade que nos une e nos habilita a sustentar esse projeto de instituição sincera.

Gostaria de concluir esta valiosa oportunidade de confirmação do nosso pacto com uma reflexão: podemos de algum modo desconstruir a inocência de instituições severas. Em nossa curta história, descobrimos que "irresistivelmente, a despeito das representações, da inconsciência, dos atos de sujeitos individuais e das corporações, além dos limites interfaculdades ou interdepartamentais, além dos limites entre a instituição e os lugares políticos da sua inscrição" (DERRIDA, 1999, p. 119), já está em curso uma nova fundação, uma responsabilidade de tipo novo.

Nós, mulheres e homens que inventamos e sustentamos o ISC, estamos sempre a desconstruí-lo, buscando com isso reinventá-lo cotidianamente como uma instituição sincera. Esta experiência pode, com limites, ser ampliada. Para além das generosidades, dos compromissos e entusiasmos individuais, compartilhamos e cultivamos, sem álibi, uma nova responsabilidade universitária, responsabilidade intelectual, social e política, base de um trabalho sério e apaixonado e de um pensamento rigoroso e transparente. Esses elementos são potencialmente capazes de transformar toda a Universidade em uma instituição sincera.

COMPETÊNCIA RADICAL
(ELVIS COSTELLO & CHET BAKER)*

Texto 3

Sou fã de Elvis. Não da lenda Elvis Presley, mas de Elvis Costello. Comecei a cultivar esta predileção em 1991, quando ensinava na Universidade da Califórnia em Berkeley.

Berkeley notabilizou-se como origem dos movimentos de contestação dos anos 1960 e do politicamente correto dos anos 1990; distinguia-se como principal centro de crítica social e de criação artística radical nos EUA. Por esse motivo, sempre é incluída no roteiro dos principais espetáculos e debates políticos. No meu tempo, por lá passaram de Noam Chomsky a Winton Marsalis, de Laurie Anderson a Sir Neville Mariner, de Milton Nascimento a Alvin Ailey.

Um dia, vi anunciado o concerto de um roqueiro inglês de nome engraçado. Não dei maior atenção nem fui ao concerto porque

---

* Escrito em Boston, em abril de 2002. Publicado em *A Tarde*, Caderno Cultural, Salvador, em out. 2002, p. 6-7.

nunca tinha ouvido falar em Elvis Costello. Sei que até hoje, no Brasil, trata-se de um quase desconhecido.

Naquela época, a tecnologia de discos compactos havia sido recém-lançada e comemorava-se o bicentenário da morte de Mozart. Por isso, associei-me a um daqueles clubes de discos que periodicamente oferecem promoções. Numa dessas, garimpei do catálogo um disco de Roy Orbinson e outro de Costello (o clássico *Spike*). Maravilhado com ambos, descobri que Elvis (o Presley) não passara de mera cópia vocal de Orbinson e que Elvis (o Costello), este sim, merecia meu favoritismo por sua incrível e sutil musicalidade. Por muito tempo não me perdoei o fato de ter perdido a oportunidade de conhecê-lo ao vivo.

Três anos depois, no Canadá, vi anunciado um concerto de Elvis Costello. Dessa vez, não perdi a chance. Fui ver Costello com meus filhos adolescentes que não o conheciam, mas que faziam questão de ver uma banda canadense escalada para abrir o concerto. Chegamos cedo na arena de hóquei, superlotada. Conseguimos bons lugares, no alto e no centro, frontal ao palco. O show de aquecimento foi excelente; um som denso, bonito e vibrante feito por um grupo meio *grunge* formado por doze jovens cabeludos.

Os aplausos e assobios nem haviam cessado quando entrou calmamente no palco um homem magro, de óculos, cabelos negros e curtos, vestido com um terno escuro, calças tipo palito, curtas no tornozelo, carregando uma guitarra elétrica de desenho clássico, talvez uma Fender. Seus óculos merecem ser descritos, e não é à-toa que ele os tem até hoje: são óculos grandes, de armação pesada, escura, cópia fiel do disfarce de Clark Kent. Logo em seguida, apareceram dois sujeitos, um jovem, alto e cabeludo, e outro maduro, calvo e meio gordo. Sentaram-se respectivamente na bateria e no piano e começaram a tocar uma peça *fusion* de jazz e rock, sem se incomodar com os técnicos e ajudantes que retiravam os equipamentos da apresentação anterior. O homem da guitarra ajustou o microfone e, com uma tranqüilidade totalmente fora de lugar (que me faz nunca esquecer a cena), sem gritar, disse com sotaque britânico: "Montréal, my name is Costello, Elvis Costello, and I love music...". E, como se continuasse falando, começou a tocar, entrando suave no tom dos outros músicos, como quem dá um palpite numa conversa entre amigos.

A partir daí, foi uma experiência quase iniciática. Não havia intervalos no show de Costello. Intercalavam-se performances instrumentais de alto virtuosismo, improvisos jazzísticos, baladas curtas da sua fase inicial, peças de rock quase pesadas, canções-narrativa em tom dramático, um inesperado ritmo latino. Uma catarata de música e ritmo: esta é a imagem que me ocorre, facilitada por estar sentado no alto da arquibancada de uma quadra de hóquei (quem já esteve numa, pode facilmente compará-la com o teatro elizabetano).

Além disso tudo, uma sensação de preenchimento e completude. Não havia vácuos naquele espaço-tempo. Totalmente imerso, me dei conta de que tudo aquilo, aquela niágara de som, provinha concretamente de apenas três músicos excepcionais. Porém, o talento individual dos músicos e a impressionante cumplicidade e integração da banda não eram suficientes para explicar aquele momento de pura arte.

Esta é minha mania: explicar tudo. Bem que tentei. Primeiro, procurei me concentrar na incrível riqueza da música e dos músicos no palco. Não era fisicamente possível explicar a enorme variedade de elementos postos naquela *performance*. Concluí que não escutava Elvis Costello e sua banda, e sim vários costellos e várias bandas. Pequenos demônios musicais multiplicados. Depois achei que não era somente uma questão de pluralidade ou multiplicação.

Universidade Nova: Textos Críticos e Esperançosos

Pouco antes de desistir de compreender e me deixar levar pela música, notei que tudo mudava o tempo todo. Possessão por demônios musicais mutantes? Tenho um indício, a voz de Costello é de fato mutante: cristalina, com um timbre parecido com a voz de Lennon, às vezes rascante e levemente gutural, como uma versão masculina de Tina Turner, às vezes poderosa quando aberta no registro de tenor-irlandês, muitas vezes doce e sofrida como Chet Baker.

Foi Chet Baker quem me fez reencontrar Elvis Costello.

Este ano, no meu aniversário, minha mulher me presenteou com um DVD da última apresentação ao vivo de Chet Baker. Adoro a música de Chet Baker, reinventando o *cool jazz* com sopro e voz. Sou também fascinado por sua biografia, estranha e despedaçada. Para gênios drogaditos como ele – penso, às vezes – consórcios de ministérios de cultura e de saúde deveriam se organizar para mantê-los vivos e à sua arte.

No DVD, gravação de um recital para pequeno público, Chet aparece velho e cansado, mas sempre genial. Intercala a inconfundível voz pequena e enorme (precursora da bossa-nova e sempre homenageada por Caetano Veloso) com seu trompete carinhosamente frio. Apenas dois músicos talentosíssimos o acompanham no contrabaixo e nos teclados. Como no concerto de Montreal, um formidável trio. Aqui também encontro abundância, plenitude e imersão, mas de modo diferente. Paradoxal, a música de Chet combina fragilidade e força, alia pureza técnica e precisão a uma paixão ostensiva pela música. Porém não é só dele que quero falar e sim de Elvis Costello.

Além de produzir o show de Chet Baker, Elvis Costello entrevista-o nos intervalos. *I love music...* – confessa Chet na entrevista, como quem fala sozinho. Noto que a câmara nunca mostra o rosto de Costello no papel de entrevistador.

Não sei se Costello, tão mutante e tão diverso, se considera discípulo de alguém. Acho que não, mas me comove sua discreta homenagem ao gênio do *cool jazz*. Costello não resiste: termina entrando no show de Chet Baker e canta como Janis Joplin reencarnada, celebrando vida e arte, talento e dor. Joplin/Costello se esconde nas sombras do palco.

A câmara focaliza mais as rugas de Chet e pára nos seus olhos fechados, em lágrimas. A música é um blues quase sincopado: *You don't know what love is* [Vocês não sabem o que é amor], canta Baker/ Joplin/Costello, mas querendo dizer: "nós, que amamos a música, sabemos...". Parece mais do que reconhecimento de talento e precedência. Penso num encontro de iguais. Chet Baker e Elvis Costello são demônios musicais múltiplos e mutantes.

Mas por que tanto me atraem suas músicas e suas vidas?

Primeiro porque sei que ambos lograram integrar plenamente vida e arte. Chet dizia o tempo todo, parodiando tragicamente o *motto* "navegar é preciso, viver não é preciso": o que importa é a arte, não a vida do artista. A biografia de Costello, por outro lado, reitera sua arte múltipla e mutante, sua obra, profusão de estilos, viradas bruscas e aberturas radicais.

Para começar, Elvis Costello é o improvável pseudônimo de Declan Patrick MacManus, que se apresenta ora como um camaleão, cheio de disfarces, ora como um impostor, de vida duvidosa ou virtual ou virtuosa (no sentido estrito do termo). Parece mais um personagem de Borges que, nesse caso, foi (e continua) múltiplo: operador de computadores, punk, cover dos Beatles, publicitário (compositor de *jingles* premiados entre os melhores do Reino Unido), compositor clássico (colaborando com o famoso *Brodsky Quartet*),

Universidade Nova: Textos Críticos e Esperançosos

músico pop (teve a ousadia de ressuscitar Burt Bacharach no filme *Austin Powers*), jazzista, roqueiro (com a banda *The Attractions*), produtor cultural... (e a lista continua – ao leitor interessado, resta-me referir o site http://www.costello-online.com.

Segundo, porque considero-os, ambos, ícones da competência radical. Chet e Costello buscam e conseguem a maior qualidade possível no que fazem, superando sacrifícios e limitações. Não me refiro a um tipo de purismo artesanal ou perfeccionismo obsessivo-compulsivo capaz de preencher expectativas ou atender demandas com cuidado, mas sem brilho. Curiosa e intrigante é a redefinição do conceito de eficiência que tanto Chet quanto Costello constroem com sua arte/vida.

Por um lado, observo uma capacidade de concentração (ou adensamento) de talento e desempenho. Chet começou sua carreira como trompetista em uma banda numerosa; seu último concerto, com apenas três músicos, é musicalmente completo. Costello, nesse aspecto, tem uma história que virou folclore: organizou na década de 1990 uma banda chamada *The Rude Five*, que virou *The Rude Four*, depois *The Rude Three* (foi a que assisti em Montreal) e terminou Costello & Nieve. Quem escutar *Elvis Costello and Steve Nieve – Box Set* (gravadora Ryko, 1996) com facilidade verá que os princípios da "competência radical" e da "eficiência redefinida" continuam plenamente atendidos.

Por outro lado, há o aspecto da energia técnica e emocional envolvida no processo de criação. No seu último recital, Chet Baker estava visivelmente cansado, desgastado, *old junkie* carcomido e enrugado, mas em nenhum momento deixava de ser pelo menos brilhante. Em Montreal, o concerto de Costello foi longuíssimo, mais de trinta músicas encadeadas, em um pique forte todo o tempo, e os três rudes artistas conseguiam manter a altíssima qualidade da performance aparentemente sem qualquer esforço especial.

Continuo interessado e intrigado com essa questão. Creio que a chave para subverter a equação linear geral "resultados obtidos na proporção dos investimentos", especialmente no que se refere à sua utilidade para transformar ambientes, paisagens, instituições e histórias encontra-se nesse imponderável e intangível espaço entre obra e vida, arte e técnica, conhecimento e prática. Nessa terra de alguém, alguns conseguem reinventar o mito do "toque de mestre" e, como se para isso sequer se esforçassem, mudam, alimentam, renovam, desconcertam, desconstroem e reconstroem o mundo.

LEMBRANÇAS DA ANSIEDADE ANTRAZ
(MEDOS & MÍDIA I)*

Texto 4

O FBI emitiu novo alerta geral neste fim de semana. Alta possibilidade de ataque terrorista, mas não se sabe quando, onde, como. No país do beisebol, os domingos tradicionalmente são dedicados a três cultos principais: religião pela manhã, compras à tarde, televisão à noite. Hoje, as igrejas estiveram lotadas, mas os centros de compra continuam desertos. A televisão parece ter tomado consciência do seu papel no contágio do terror e ensaia uma compensação. Os consultores profissionais de voz empostada e postura perfeita foram substituídos por médicos experientes, quase sempre clínicos idosos de rosto confiável e fala tranqüila. O profissionalismo e autocontrole retornaram às faces conhecidas das apresentadoras e dos âncoras de noticiários na televisão.

---

* Escrito em Boston, em setembro de 2001. Este texto foi publicado em duas partes: na *Folha de S. Paulo*, 17 out. 2001, p. 3, sob o título *Ansiedade Antraz* e em *A Tarde*, Caderno Cultural, 5 set. 2002, p. 2, sob o título *Medo: denso, difuso, contido*.

Universidade Nova: Textos Críticos e Esperançosos

O alvo do bioterrorismo agora são os políticos que, curiosamente, demonstram certo gozo com a situação. A extrema competição talvez seja um impedimento à existência de uma comunidade profissional dos políticos em medida equivalente à corporação profissional dos meios de comunicação. Ou quem sabe os políticos, sentindo-se protegidos (nenhuma vítima entre eles, sequer contaminados) pelo cordão sanitário de assessores e seguranças, pretendem aproveitar a imagem heróica de alvo do terrorismo.

Um senador simpático, apresentado como o único médico da câmara alta, conseguiu ser entrevistado em todas as cadeias de notícias em um único dia; passou para o público informações e recomendações essencialmente corretas, com ar satisfeito, sempre convidando todos a acessar sua página na internet. Infelizmente, essa modalidade covarde de terrorismo começa a fazer vítimas secundárias entre os funcionários dos correios, outra instituição americana.

Esse é o contexto geral que qualquer residente aqui pode testemunhar. Basta caminhar nas ruas, conversar com as pessoas. Nem mesmo é preciso estar neste momento e lugar; basta ler jornais, assistir televisão. Durante a semana, no entanto, efeitos do bioterror me alcançaram. Guardei duas histórias para contar.

* * *

Fim de tarde. O Departamento de Saúde e Comportamento Social da *Harvard School of Public Health* já estava quase vazio. Uma simpática senhora, gorducha, cabelos grisalhos, sorriso pequeno, aparece à porta semi-aberta do meu escritório ainda desarrumado. Apresenta-se: professora emérita, pesquisadora em educação em saúde, soube da minha chegada, queria dar as boas-vindas. Conversamos um pouco. Interessada, com a objetividade característica dos acadêmicos norte-americanos, quer saber de onde venho, o que faço, meus planos. Quando lhe pergunto sobre os mesmos temas, tentando seguir a etiqueta típica de campus universitário, responde sem entusiasmo, disfarçando uma tristeza preocupada.

A conversa inevitavelmente desemboca nos ataques de 11 de Setembro e no clima de terror que se espalhou por todo este país. Minha interlocutora começa a me contar, quase compulsivamente, a tensão que está sofrendo. Tem filhos em Washington e na Califórnia. Sabe que estão bem, mas não consegue parar de se preocupar. Tem dormido mal e se sente amedrontada. Parou de caminhar porque sente uma fraqueza crônica, as pernas falham em momentos inesperados. Passou a evitar aglomerações e cancelou todos os convites para simpósios e seminários que a obrigariam a viajar de avião. Agora é o correio. Sempre fora um prazer para ela (da velha guarda, acrescenta orgulhosa), o ritual de abrir a correspondência todas as manhãs. Mas o pior, queixa-se, é o sentimento de ter perdido o *focus* no seu trabalho.

Fiz minha formação como pesquisador nos Estados Unidos e depois trabalhei em diversas universidades norte-americanas. Conheço relativamente bem a cultura intelectual deste país. Aqui, nada é mais valioso para um pesquisador ou intelectual do que o tal *focus*, que corresponde à capacidade de concentração e investimento. Também valorizam muito a comunicação entre pares, essencial para um bom desempenho científico. Por isso, compreendo bem o sofrimento da simpática colega. Mas sinto-me desconfortável com a situação, talvez porque não consigo entrar no mesmo registro de ansiedade. Ela subitamente interrompe a conversa, pede desculpas pelo desabafo e se despede, parecendo sinceramente agradecida. Não compreendo bem por quê. Mal nos conhecemos e sequer um rasgo de solidariedade pude fingir.

Universidade Nova: Textos Críticos e Esperançosos

* * *

Meu colega de sala passa por um grande susto. É um mulato forte e sorridente, com bigodes e cabeça quase raspada. Ele ensina em outra universidade da Nova Inglaterra e, como eu, está no departamento como professor visitante. Por compartilharmos um mesmo gabinete para atendimento de alunos, conversamos sempre. Sua especialidade é ciência política na área de saúde, por isso o assunto que monopoliza nossas conversas recentes tem sido naturalmente o bioterrorismo. Esteve há duas semanas no Capitólio, em Washington, convidado para sessões de uma das comissões de saúde. Com a notícia de que o Senado fechara por causa da contaminação por antraz, a administração da universidade o convidou a preencher um formulário de segurança; em seguida, ele foi instruído a comparecer ao hospital para exames de presença do bacilo.

Posso vê-lo transtornado no outro lado do corredor. A notícia se espalha na instituição. O diretor aparece, outros colegas também, todos preocupados. Coisa rara por aqui: um grupo conversando no corredor. Tento tranqüilizá-los com informações sobre a doença, afinal devo ser um dos poucos em torno que já viu um caso de carbúnculo. Mesmo assim, concordam que ele deve fazer os testes o mais cedo possível. Retomam os afazeres, aos poucos. Então o coitado começa a telefonar, primeiro à família, depois ao laboratório. Trata-se de um procedimento totalmente novo, vão verificar e ligam de volta.

Dez minutos depois toca o telefone, confirmando que podem fazer os testes; ainda não sabem quanto, mas vai custar caro, querem verificar se o seguro-saúde cobre esse tipo de exame. Mais telefonemas. Não, o seguro não inclui doenças tropicais.

(Me pego pensando no papel que o mito dos trópicos exerce sobre o imaginário desse povo. Diferente dos latino-europeus, que se rendem a um fascínio pelo exótico, aqui os trópicos são mais fonte de perigos do que ilha dos prazeres).

Meu pobre colega vai enfim ao hospital, à beira do desespero. Retorna algum tempo depois, aliviado, mas ainda tenso. Felizmente o clínico que o atendeu recomendou apenas observação de sintomas. Sequer prescreveu o agora tristemente famoso antibiótico que, nesse caso, meramente atualiza a velha penicilina.

* * *

Como definir o "espírito do momento" neste país? O horror indignado das semanas que se seguiram aos atentados foi substituído por outro sentimento generalizado, que me interessa compreender. Estresse, ansiedade, pânico: são algumas das palavras que têm aparecido na mídia local. Tais termos, e mais paranóia, histeria, síndrome sociogênica, também encontrei na cobertura da imprensa brasileira.

Estresse constitui uma noção confusa, pouco específica e, na minha opinião, inadequada para o entendimento deste fenômeno de massa. O país da competição se orgulha de cultivar e gerenciar os estresses crônicos sociais como fator de progresso. Paranóia e histeria referem-se a conceitos da psicopatologia clássica, nesse caso demasiadamente específicos e valiosos para serem desperdiçados em sua acepção de senso comum.

Com certeza não há pânico. Falta caos para isso. De fato impressiona o esforço social e político que aqui se faz para normalizar a vida nestes dias. Nem a corrida às farmácias (mesmo atravessando fronteiras) para armazenar medicamentos, nem mesmo a enorme freqüência de falsos alarmes provocados pela presença de pessoas e pós de cores suspeitas, tem-se feito de modo desorganizado, como pandemônios.

Universidade Nova: Textos Críticos e Esperançosos

Do ponto de vista epidemiológico, síndrome sociogênica coletiva é o mais interessante destes conceitos. Há relatos de sintomatologia de massa compartilhada por alunos de escolas elementares e grupos profissionais, não somente aqueles mais diretamente afetados pelos ataques a Nova Iorque, mas em várias partes do país. Um número ainda não mensurado de pessoas nas principais cidades norte-americanas tem sido acometido de um quadro neurológico incapacitante, aparentemente contagioso, porém benigno. Entre os sintomas descritos, encontra-se disfunção de marcha e quedas, com sensação súbita de fraqueza, dores musculares agudas, cefaléias e depressão. Todos os casos experimentaram recuperação em poucas semanas. No que pese o arsenal clínico e laboratorial utilizado, nenhum microorganismo ou causa ambiental foi identificado como responsável pelos sintomas. É impressionante (e, pelo menos em um caso, irônica) a semelhança entre a situação atual deste país e o registro histórico de surtos epidêmicos dessa natureza.

* * *

Em Cuba, início da década de 1990, fim da guerra-fria (e, apesar disso, manutenção do inexplicável bloqueio diplomático e comercial pelos Estados Unidos), houve uma severa epidemia de dengue, com numerosos casos da forma hemorrágica fatal e muitas vítimas. A despeito de se tratar de uma ilha isolada e bloqueada, a epidemia eclodiu simultaneamente em pontos distantes do território cubano. Epidemiologistas cubanos e latino-americanos na época consideraram este padrão incompatível com epidemias naturais, lançando-se a suspeita de guerra bacteriológica.

Nesse contexto, ocorreu em paralelo uma misteriosa epidemia. Milhares de pessoas nas três principais cidades da ilha foram acometidas de um quadro neurológico grave, altamente incapacitante. O principal sintoma era uma fraqueza generalizada, com dores musculares agudas, provocando distúrbios de marcha e quedas súbitas. Nenhuma lesão ou microorganismo foi identificado; todos os casos experimentaram recuperação em poucos meses. Atribuiu-se, sem muita comprovação, essa epidemia à desnutrição generalizada que ocorrera nos primeiros meses de racionamento em seguida à súbita retirada dos subsídios soviéticos mantendo-se o bloqueio econômico total da ilha.

No ano de 1918, ocorreram os últimos casos registrados de uma epidemia desse tipo na Bahia, cujo principal sintoma era uma fraqueza muscular aguda, provocando quedas súbitas (PINHO, 2002). No fim do século XIX, artigos e editoriais da *Gazeta Médica da Bahia*, na época uma das principais publicações científicas do país, relatam em detalhe a semiologia da doença, muito semelhante aos casos de Cuba e dos EUA. Aplicando conceitos recém criados por Charcot, Nina Rodrigues (1891) propôs para esse quadro clínico a designação de afasia choreiforme epidêmica.

Intrigante é o padrão repetido do contexto das epidemias desse quadro sociogênico coletivo: ameaça bélica (guerra, terrorismo, bloqueio) combinada com epidemia severa por agente biológico. Nas décadas de 1880 e 1890, o Brasil passou por sucessivas epidemias (cólera e febre amarela), pela proclamação da República e pela Guerra de Canudos. Em 1917, o Brasil acabara de entrar na Primeira Guerra Mundial. No início da última epidemia, o porto de Salvador pela primeira vez recebera navios de guerra aliados, a cidade estava repleta de soldados e marinheiros, as famílias locais se preparavam para enviar seus filhos para lutar na guerra distante. Para completar o quadro, a epidemia de gripe espanhola grassava em todo o país (onde acabaria causando mais de 300 mil mortes) ameaçando principalmente cidades portuárias como Salvador.

Há uma particularidade lingüística que merece atenção: o nome com que o povo soteropolitano batizou a sua estranha síndrome sociogênica coletiva foi *caruara*. Ainda hoje, no nosso dialeto baiano, caruara quer dizer aquela fraqueza nas pernas, que ocorre nos momentos mais tensos da vida, sintoma principal de um medo atroz.

* * *

Voltemos ao centro do império. Algo se passa ou se constrói no *underground* dos "corações e mentes" desse povo. (É de propósito que uso essas expressões emprestadas do glossário ainda atual da sua língua, meras evocações dos anos sessenta e da Guerra do Vietnã.) Percebo uma ansiedade geral, difusa, crônica e contagiosa. Evidentemente, há uma base factual para este sentimento, desencadeada pelos atos terroristas de setembro e pela contaminação do antraz, reforçada por uma profunda penetração midiática no cotidiano de todos. As pessoas temem por tudo e por todos, parentes e pessoas queridas, lugares que deixaram de freqüentar, hábitos perdidos ou reprimidos.

Novamente a televisão, excepcional veículo de acesso a este imaginário fragmentado, encontra signos eficientes de expressão do *pathos* vigente: uma emissora intitula um bloco do seu noticiário como *Anthrax Anxiety*. Traduzindo para o nosso idioma – ansiedade antraz. Encontro neste jogo de palavras o nome que procuro para designar o sentimento que percebo: os americanos padecem de uma ansiedade atroz. Ou, em bom baianês, sofrem de caruara.

A METÁFORA DO FANTASMA
(MEDOS & MÍDIA II)*

Texto 5

A cada dia, aprendo novas lições com meus filhos. Um deles, na superioridade dos seus oito anos, disse: "Meu irmão tem medo de fantasmas". "Não, tenho medo é do escuro" – corrigiu o pequeno de seis anos. O outro, que adora brincar com palavras, não perdeu a chance: "você tem medo é do futuro". E o pequeno, esperto, mas preocupado, em carretilha: "Como é o futuro? Lá tem fantasma? O futuro é escuro?"

* * *

Em maio de 2005, foi apresentado ao Conselho Universitário um estudo preliminar ao anteprojeto do Plano Diretor Patrimonial e Ambiental da UFBA, coordenado por uma Comissão Técnica da Faculdade de Arquitetura e da Assessoria de Patrimônio Físico da Pró-Reitoria de Planejamento. Esse estudo foi elaborado por uma equipe de estudantes de Arquitetura como trabalho de conclusão da Graduação.

---

* Uma versão resumida deste texto foi publicada em *A Tarde*, 5 set. 2005, p. 2, sob o título *Quem tem medo do futuro?*.

Universidade Nova: Textos Críticos e Esperançosos

Lamentavelmente, equívocos e intrigas inundaram listas de discussão na internet e reportagens em diversos jornais da cidade – por exemplo, absurdos como denunciar venda ilegal de propriedades da UFBA. Um emérito professor da área de artes, insinuando cumplicidade com escusos interesses imobiliários para demolição ilegal de imóveis tombados como patrimônio histórico, afirmou que com o Plano Diretor "querem fazer caixa [...] visa a um lucro milionário [...] uma coisa sem escrúpulos". Em paralelo, veicularam-se interpretações distorcidas de processos institucionais, em flagrante indecência intelectual. Basta um exemplo dessa atitude desonesta: tomar um primeiro conjunto de estudos preliminares e alternativas espaciais para o Plano Diretor como produto final de um suposto processo sub-reptício imposto pela Reitoria. Um diretor de unidade chegou a declarar à imprensa que já estava em construção "uma frente contrária à proposta do reitor".

Na verdade, nunca existira uma "proposta do reitor". Para ter algum grau de viabilidade, qualquer projeto com essa finalidade não virá da Reitoria, do Reitor ou de algum grupo acadêmico – e sim terá que ser um Plano Diretor da Universidade Federal da Bahia. Em nenhuma hipótese, o Plano Diretor poderá ser imposto. Por esse motivo, o estudo preliminar apresenta três opções (uma delas confirma as atuais localizações das escolas de teatro e de belas-artes) claramente expostas em um CD, de concepção precisa e cuidadosa, distribuído justamente para iniciar uma discussão ampla, aberta e transparente na comunidade universitária. Com esse espírito, os conselhos superiores deverão tomar decisões democráticas e serenas, com certeza (e com nosso apoio) respeitando consensos construídos em cada uma das unidades da UFBA, inclusive aquelas que no momento rechaçam qualquer tipo de mudança.

Por outro lado, nunca se cogitou vender os formosos prédios da Escola de Belas Artes ou do Teatro Martim Gonçalves ou ainda, suprema injúria, do Palácio da Reitoria. Nem se poderia fazê-lo, pois qualquer alienação de patrimônio público federal, novo ou antigo, imóvel ou semovente, livre ou tombado, por lei, terá que passar por uma cadeia complexa de deliberações coletivas, das unidades de ensino aos conselhos superiores, daí ao MEC, ao Departamento Nacional do Patrimônio da União (DNPU) e ao Congresso Nacional.

* * *

Feitas essas ressalvas, gostaria de compartilhar algumas reflexões sobre o compromisso, fundante da instituição universitária nas sociedades democráticas, com a criação, com a inovação e com a vanguarda na cultura ocidental. Pretendo aqui aproveitar a oportunidade para analisar natureza e significado de atitudes de reação a propostas de construção do novo, ou de resistência à novidade, na hipótese de que implicam essencialmente "medo de fantasmas", "medo do futuro" e "medo do escuro".

Como método, proponho desconstruir algumas das mensagens veiculadas na mídia baiana, assumindo que sintetizam elementos-chave desta polêmica. Para isso, nem precisamos analisar o conteúdo do material publicado, de resto representativo do clima estabelecido em duas das 29 unidades de ensino da universidade. Bastam títulos e subtítulos, do tipo: *Escola de Teatro* [...] *nega mudança, A Escola de Teatro não deve mudar de lugar, Protesto contra mudança da Escola de Belas Artes*. Com mais clareza ainda, encontramos tais mensagens nas manchetes do suplemento de um prestigioso jornal local (*A Tarde*, Caderno Cultural, 4 jun. 2005): *VELHOS TEMP(L)OS. Escolas de Belas Artes e Teatro da UFBA correm risco de mudar de endereço*. Na página dois, em letras garrafais: *Marcos ameaçados*, e em subtítulo: *Plano Diretor proposto pela Reitoria põe em perigo permanência das escolas de Belas*

Universidade Nova: Textos Críticos e Esperançosos

Artes e de Teatro no Canela. Segue-se um par de matérias sobre a importância histórica das duas escolas – intituladas respectivamente *Público assistiu ao crescimento* [da Escola de Teatro] e *Berço de vários mestres* –, preparando o leitor para um artigo central sobre a Escola de Belas Artes, intitulado *Uma casa de vida pulsante e criativa*.

De início, devo destacar os equívocos dos textos-títulos, posto que incluem afirmações falsas, como vimos acima, como a de que o Plano Diretor teria sido proposto pela Reitoria e que constitui uma ameaça. Estas assertivas podem ser facilmente desmentidas pela simples leitura do CD posto à disposição de todas as unidades e órgãos da UFBA para subsidiar o debate.

Entretanto, mais preocupantes e dignos de análise são os sentidos implícitos em fragmentos de sentenças (e.g: *Reitoria põe em perigo...*; ... *UFBA corre risco...*), em nada inocentes ou descuidados, e na estrutura retórica da série textual. Felizmente, como há muito nos ensina Barthes (1999), a escritura nunca deixa impunes os intentos dos textos. Restos ou resíduos de cadeias significantes revelam verdades insuspeitas, às vezes contraditórias com elementos manifestos dos discursos.

Vejamos primeiro a questão do "medo de fantasmas". Nesse aspecto, a estrutura do argumento chega a ser caricata de tão simplória. Primeiro, selecionam-se significantes de dignidade e respeito visando ao reconhecimento e à identificação automática dos leitores com as supostas vítimas: /*templos* /*marcos* /*berço* /*mestres* /*casa*. Em segundo lugar, induz-se um vago e onipresente 'terrorismo', feito sob medida para fomentar construções fantasmáticas primitivas: /*risco* /*ameaça* /*perigo* /*tempos*. Por último, enaltecem valores a serem preservados como adjetivos de positividade: /*público* /*pulsante* /*criativa* /*crescimento* /*vida*. O efeito deste artifício retórico é apresentar entidades dignas e respeitosas, ameaçadas por fantasmas agressores, poderosos e, muito em moda, corruptos.

Apesar de simpáticas e veneráveis, as respeitosas entidades parecem cultivar fantasmas que as fazem padecer de múltiplos medos. De fato, como vimos acima, uma leitura direta do material da mídia encontra medos quase ridículos: da Reitoria, do Plano Diretor e até "risco de mudar de endereço". Mas encontramos outras respostas possíveis nas linhas dos textos. Medo de cair do *berço*? Medo de *crescer*? Medo de sair de *casa*? Medo de mudar de *lugar*? Medo de mudar de *vida*? Medo de mudar? Medo de mudança? Artistas talentosos e engajados que morrem de medo de fantasmas e de mudanças? Mal posso acreditar. Ernesto Sábato, ao concluir *O escritor e seus fantasmas*, comenta que os artistas primeiro recorreram à metafísica para explorar as fronteiras da novidade nas artes desses Tempos Modernos. Em vão, pois "sua verdadeira pátria não é aquela, mas esta região intermediária e terrena, esta dual e dilacerada região de onde surgem os fantasmas" (SÁBATO, 2003, p. 202).

Medo de mudanças, "fobia do futuro", eis a doença infantil do conservadorismo. Há numerosas pistas de que se aplica a esse caso. Basta que selecionemos alguns significantes da série de títulos analisada: /velhos tempos /velhos templos /marcos /permanência.

$* * *$

Considero qualquer emulação do passado, da tradição, do antigo, do velho, simétrica à rejeição ou receio do futuro, do escuro, da novidade, uma traição ao verdadeiro espírito universitário, comprometido desde sempre com a transformação do mundo. Surpreendo-me ao encontrar tal atitude em lugares de produção artística, supostamente espaços de busca das novas formas e seres e de superação dos tempos antigos. Fico mais triste ainda ao

Universidade Nova: Textos Críticos e Esperançosos

constatar que tais atitudes, reacionárias e conservadoras, podem contaminar nossos estudantes, em princípio jovens abertos ao pensamento novo.

Cabem perguntas: o que querem aqueles que assumem posições em prol da *permanência*, fixados nos *velhos templos*, querendo mesmo retornar aos gloriosos *velhos tempos?* Buscarão identificação com *marcos* e feitos, mesmo mitológicos, dos ancestrais? Será isto porque receiam não poder alcançar glórias próprias?

Resta o tema do "medo do escuro". Entendamos 'escuro' como metáfora do não-visível, do desconhecido, de um futuro que não se pode antever. O fantasma do futuro é uma das metáforas mais conhecidas do imaginário romântico do Século XIX (BLOOM, 2001). No limite, as casas soturnas, os vazios sinistros e as trevas na poesia de Emily Dickinson, nos contos de Hoffman, Poe e Lovecraft, nas novelas de Dickens e Hawthorne, remetem ao medo essencial do porvir e da morte. Nesse contexto, o 'futuro' aparece como um fantasma, o 'futuro' é escuro, compreende a incerteza, que se deve temer, pois o futuro de todos é a morte. Não podemos esquecer que um espectro certa vez assombrou a Europa... Sei que é ocioso recordar, a leitores de reconhecida cultura política, que foi com a metáfora do fantasma que Marx e Engels apresentaram ao mundo a novidade histórica do comunismo no famoso Manifesto.

Então, justamente para reduzir a incerteza em processos de transformação que visem à criação de futuros claros e viáveis, nossa cultura inventou o planejamento e seus dispositivos, ações programáticas, projetos e, *last but not least*, planos diretores. É claro que, junto com muitos céticos históricos, faço restrições ao otimismo planificador. Nesse aspecto, compartilho as ressalvas de Renato Janine Ribeiro (2003), às quais remeto o leitor interessado. Mas isto só vem ao caso no plano crítico geral e não reduz o poder do presente argumento.

Ora, o Plano Diretor Patrimonial e Ambiental da UFBA foi proposto justamente como instrumento para reduzir medos de fantasmas, do escuro e do futuro, visando a uma transformação radical em nossa universidade. É sintomática (ou será irônica?) a desproporcional hipersensibilidade, à beira da irracionalidade e da histeria, assumida pela cruzada contra a sua implementação. Reconheço que a escuridão (metafórica) torna difícil vislumbrar o sentido das mudanças, justificando questões como: por que mudar, mudar em quê, qual a direção da mudança e mudar em benefício de quem. Entretanto, em relação ao Plano Diretor, tais questões estão claramente apresentadas, com base em princípios mais que óbvios. Tais princípios, por sua vez, encontram-se expostos de modo transparente no Plano de Desenvolvimento Institucional (PDI), aprovado pelo Conselho Universitário em maio de 2004 e, desde então, à disposição de todos no portal da UFBA.

Por que mudar? Temos que superar os velhos modelos de universidade simplesmente porque estes são velhos e se referem mais aos contextos sociais e históricos que os engendraram. Os modelos conhecidos – a universidade da cultura, a universidade de pesquisa, a universidade da excelência, para usar a tipologia de Bill Readings (2002) – não são capazes de responder às novas demandas, reais, imaginárias e simbólicas, impostas por uma sociedade cada vez mais inquieta e inquietante.

Mudar em quê? Somente uma universidade reestruturada em termos físicos e ambientais poderá viabilizar sua recriação pedagógica, científica e cultural. Entre nós, isto significará construir uma UFBA de fato renovada como instituição de criação e pesquisa, consciente da sua missão civilizatória, profundamente comprometida

Universidade Nova: Textos Críticos e Esperançosos

com a produção crítica do conhecimento enquanto elevado valor humano.

Qual o objetivo da mudança? Queremos, no futuro, uma UFBA efetivamente integrada como universidade – priorizando as demandas do alunado e o compromisso social da instituição – e não um mero somatório de faculdades isoladas, organizadas primariamente a partir dos interesses do corpo docente. Em um dos casos em pauta, que conheço de perto porque acompanho o cotidiano de um dos seus alunos, aulas são ministradas na própria escola, situada no Canela; em São Lázaro; no Pavilhão de Aulas do Canela; no Instituto de Ciências da Saúde; na FACOM, no coração do Campus de Ondina; enfim, locais (e horários) completamente arbitrários e dispersos.

Mudar em benefício de quem? Só pode ser para o bem dos alunos. A concentração geográfica de unidades de ensino e a setorização por áreas do conhecimento em muito facilitará a inserção dos estudantes à vida universitária, principalmente aqueles mais necessitados da formação superior como forma de inclusão social.

Somente assim, em vez de uma instituição orientada pelo elitismo e produtora de exclusão social como temos sido durante toda nossa história, a UFBA terá alguma chance de se tornar um instrumento para inclusão social e integração cultural dos seus alunos. Arrisco um palpite: tem medo do escuro e do futuro quem não se propõe a iluminá-lo e quem por ele não se sente responsável. É certo que o futuro pertence mais às novas gerações do que a nós mesmos.

Por isso, comecei e termino dialogando com meus filhos, sentindo-me cada vez mais responsável pela instituição universitária que estamos construindo e que será nosso legado. Desejo sinceramente que nossos filhos e netos não sofram de medo do futuro. Quanto aos medos na mídia, de casas assombradas e de fantasmas, isto nada tem a ver com a Universidade.

Pensando sobre esses temas, encontro alento na poesia de Fernando Pessoa:

> Tenho o costume de andar pelas estradas [...]
> só de vez em quando olhando para trás...
>
> A cada momento, vejo o que nunca antes tinha visto [...]
> Sinto-me nascido a cada momento
> Para a eterna novidade do Mundo...

DE SEMENTES E TALENTOS:
ILÊ OSUFBA AIYÊ[*]

Texto 6

Neste ano de 2004, a Escola de Música da UFBA faz 50 anos. Uma seqüência memorável de homenagens enriquece este ano de aniversário. Em torno de cinqüenta recitais, onde se destacam os concertos da Orquestra Sinfônica da UFBA, realizados em cidades do interior e em bairros de Salvador. Tocada para a maior lotação da história do Salão Nobre da Reitoria, a Nona Sinfonia soava diferente. As Bodas de Fígaro nem parecia uma opereta, de execução tão enlevada. Nunca se variou tanto nesta escola: do jazz ao ijexá, do choro à chula. Nunca se viajou tanto nesta universidade: de Conquista a Tabocas, do Malê ao Ilê.

* * *

Bem a propósito, gostaria primeiro de contar um episódio recente que se passou no concerto do Curuzu, na sede do *Ilê Aiyê*.

Era a primeira vez que a UFBA visitava a casa do *Ilê Aiyê*. Centenas de pessoas ocupam o piso inferior do Centro Cultural do

---

[*] Texto composto por artigo publicado em *A Tarde*, jul. 2004, p. 2, e Prefácio ao volume *50 Anos da Escola de Música da UFBA*, organizado por Piero Bastianelli, publicado pela EDUFBA, em novembro de 2004.

Universidade Nova: Textos Críticos e Esperançosos

Barro Verde, sentados em cadeiras brancas de plástico moldado. Muita gente, principalmente jovens e crianças, circulam pelas galerias laterais. Aplausos educados, porém calorosos, marcam a entrada do Maestro José Maurício Brandão. A primeira peça – *O Guarani*, de Carlos Gomes – é executada de maneira vibrante e entusiasmada. O público conhecia o tema melódico e o recebe sem surpresas; aplaudem com entusiasmo.

A *sinfonia do novo mundo*, de Anton Dvorák, fecha a primeira parte do concerto. A música de Dvorák é complexa e intimista, quatro movimentos expressam os sentimentos do compositor tcheco que emigra para a América, saudoso da sua terra. Os adágios são especialmente lentos e evocativos, gradualmente incorporando sutis dissonâncias jazzísticas. Em suma, é o protótipo da música erudita contemporânea, em princípio distante dos que apreciam ritmos sincopados afro-baianos.

O primeiro movimento termina educadamente aplaudido (sim, diferentemente da etiqueta erudita, o povo do *Ilê* faz questão de aplaudir em cada intervalo, comandados pelo líder Vovô). Muitos começam a conversar, dispersos, saem e entram, jovens e crianças brincam, correm e fazem barulho; ouvimos o burburinho aumentar cada vez mais. Apenas um pequeno grupo concentrado nas primeiras filas parece ligado no concerto. Penso então que uma peça nostálgica e melancólica seria última escolha para um espetáculo daquele tipo e naquele lugar.

Aí vem o *gran finale*. Um crescendo de fechos parciais e inconclusos, repetindo uma melodia cada vez mais dissonante e arrítmica. A música termina de súbito. Um silêncio curto. De repente, aplausos entusiasmados, verdadeira ovação. Senhoras e senhores mais velhos levantam-se das cadeiras, jovens que estavam na entrada, no bar e nas galerias laterais se aglomeram nos pórticos, todos de pé, comovidos, aplaudem e gritam. A ovação se mantém por vários minutos, fazendo o Maestro retornar ao palco várias vezes.

Deve ter sido gratidão e respeito, penso ainda incrédulo, para em seguida ser forçado a rever minha opinião. A segunda parte do concerto está a cargo de uma Banda de Sopros formada por ex-alunos da Escola de Música que, assim, homenageiam seu aniversário. Fazem um repertório cauteloso, clássicos e *standards* de jazz bem conhecidos do público, como *Pantera Cor de Rosa* e *Tema de Missão Impossível*, em interpretações e arranjos competentes e seguros. Novamente, aplausos calorosos, porém educados, mesmo nos solos e quase-improvisos típicos daquela modalidade de música.

* * *

Naquela noite, pelo menos três lições aprendi com o povo do Curuzu:

Primeiro, a universidade cultiva uma visão do povo e da sociedade baseada em estereótipos, variando do preconceito ao romantismo. No registro do preconceito, Gramsci (1967) há muito dizia que a ideologia dominante costuma representar a classe proletária como primitiva e obtusa e que, por isso, os produtos culturais que se destinam aos pobres são simplificados e empobrecidos. No registro do romantismo, intelectuais orgânicos, por culpa ou má-consciência, supervalorizam a cultura popular e o saber empírico como fontes absolutas de verdades e belezas.

Segundo, não podemos esperar que o povo se comporte da mesma maneira como as burguesias resolveram sua nostalgia de um mundo aristocrático que não viveram. O estereótipo de se escutar música erudita com ar contrito e enlevado, contendo o gozo para apoteoses finais, numa coreografia cortesã, é totalmente

Universidade Nova: Textos Críticos e Esperançosos

pequeno burguês. Os jovens do Curuzu, da Liberdade e de toda a periferia de Salvador conhecem muito melhor o ambiente de festas de largo e guetos culturais, onde a fruição de sons e movimentos se faz de modo coletivo e compartilhado.

Terceiro, para uma instituição universitária, a maneira mais decente e ética de estar perto do povo é fazendo muito bem o que ela sabe de fato fazer. Por isso, a universidade social e politicamente responsável que queremos tem de ser, antes de tudo, competente e, no que puder, excelente. De nada adiantará ser pública, aberta e bem intencionada se for improdutiva, incompetente e desvalorizada. O maestro tinha razão ao escolher um repertório sem concessões, mostrando o que nossa orquestra consegue produzir com talento e brilho, trazendo Dovrák ao Curuzu.

Enfim, quando a Universidade desce da torre de marfim, coisas intrigantes e maravilhosas acontecem. Quase como regra, aprendemos mais que ensinamos. Com isso, perdemos muito da arrogância acadêmica, orgulho velho e vão, resultado do distanciamento etnocêntrico da casa-de-cultura-e-civilização. Mas ganhamos um novo tipo de orgulho, aquele sentimento sereno de que fazemos parte de uma sociedade que nos abriga, nos sustenta e, quando deixamos, valoriza o que fazemos. Ainda bem que, apesar das dificuldades, nossa UFBA segue quebrando torres e saindo das cascas. *Ilê Osufba Aiyê.*

* * *

De todas as homenagens ao aniversário da EMUS-UFBA, uma com certeza não é efêmera: a obra *50 Anos da Escola de Música da UFBA*, organizada por Piero Bastianelli, registro dos anos e dos atos da história do antigo Seminários de Música à Escola de agora.

Naomar de Almeida Filho

Entre generoso e nostálgico, Tom Zé certa vez escreveu:

> Entrei na escola em 61. Nesse ano, Koellreutter deu a aula inaugural de composição. Na sala, botou os livros em cima da mesa, olhou para a classe com aquele jeito meio que de personagem de Conrad e disse: - A música não é a expressão dos sentimentos através dos sons. Abri um olho que não tinha tamanho. Espantadíssimo. Pois se eu nascera ouvindo dizer o que ele desmentia! Nesse momento ele me olhou com uma expressão de: "Aquele reagiu, aquele está vivo, pode ter curiosidade; aquele que se espanta pode aprender." Fui pescado.

Conheci Tom Zé pessoalmente numa das homenagens deste cinqüentenário, antes de ministrar um outro tipo de aula inaugural. Vi seus olhos arregalados, igual a quando foi fisgado por Koelreutter. Me comoveu a gratidão do artista, sempre espantadíssimo com e pelo mundo. Sua memória-confissão me fez pensar em como a história da EMUS é representativa do que temos de realmente universitário na Universidade. (Porque nem tudo da universidade tem espírito universitário.)

A universidade: escola de espantados, de pescados e de sementes. Os registros deste livro mostram sucessivas semeaduras e colheitas (ou iscas e pescarias). Ademais, demonstram um incrível compromisso com o talento. Não é incompreensão ou desvalorização das ciências e das técnicas, nem romantização ingênua das humanidades. Mas, nas artes das musas, talento é fundamental. Legião são os que adoram música, muitos são os que se espantam, vários são os que com ela aprendem, alguns são os que a fazem bem, poucos têm o prodígio do talento.

Talento, aliás, é uma palavra pouco falada na universidade, atualmente quase esquecida no mundo. Como se os que têm talento devessem ter vergonha disso. É pena. É uma pena porque as instituições que hoje chamamos de universidades foram inventadas justamente para abrigar e cultivar inteligências brilhantes, grandes competências e, sobretudo, talentos. Entendamos talento como o substrato da competência radical. A universidade é o lugar de cultivo das formas puras e aplicadas da competência radical.

Esta obra do Maestro Bastianelli (2005) é um registro de atos, cuidadoso e sistemático, detalhado, carinhosamente obsessivo, é certo. Porém, mais que isso, significa a marca de um tempo que segue adiante, uma supercorda (metáfora? novo naipe? hiperespaço? clave de sol?), atalho para um futuro.

Vamos em frente. Aniversários servem também para pensar o futuro, a fim de tomar decisões sobre o que fazer na nova idade. Parabéns à cinqüentenária Escola de Música da UFBA!

O CINEMA DANÇA[*]

Texto 7

Para Dulce

O Cinema dança, com a luz, com a lágrima, com a música, com o riso, com o ato. O Cinema ensina, documenta, registra, revolve, revisa, rebate, debate, discute, com a cor, com o traço, com a letra. O Cinema seduz, com doces (e amargos também), sutis e grossos modos, com sustos, com cismas, com medos. O Cinema vende, rende, redime, compra (comprados, vendidos, rendidos, redemptos todos somos). O Cinema muda, qualquer coisa, qualquer cara, face, teatro, todas as coisas, todas as vistas, visões, espectadores e mascarados, analógicos e digitais. O Cinema enfim mobiliza, isto é certo (e este é um escandaloso pleonasmo: *moved by the movies*).

O Cinema revolta? O Cinema liberta? O Cinema Novo inovou?

O Cinema Verdade enganou?

---

[*] Saudação aos participantes do I *Seminário Internacional de Cinema e Audiovisual*, em março de 2005.

Precisamos saber; mais; sobretudo; sobre tudo isso e sobre o cine *enci*. E para saber mais precisamos discutir o significado desta arte/técnica e seus correlatos (televisão, audiovisuais, *webs* etc.) para as novas conjunturas do mundo, suas heranças e suas promessas. Pretendemos debater a questão do cinema como instrumento de ação política e transformação social, desde o realismo socialista e o cinema-reportagem do século passado até o maremoto de documentários engajados que agora despertam enorme interesse do público em todo o mundo. Queremos enfim avaliar nossas possibilidades de enfrentar os novos imperialismos com estratégias que não sejam somente bandeiras de resistência ideológica e política, tomando o cinema como potencial articulador estético (e também econômico) da criação de redes de solidariedade inter-cultural.

Com tudo isso em tela, a Universidade Federal da Bahia tem o privilégio de promover o *Seminário Internacional de Cinema e Audiovisual* que, temos certeza, será o primeiro de uma série de eventos e atos a nos fazer pensar sobre o futuro da mais completa de todas as artes.

RÉQUIEM PELA VELHA FACULDADE DE MEDICINA DA BAHIA *

Texto 8

Há 199 anos, em 18 de fevereiro de 1808, D. João VI assinava a Carta Régia que instituiu o Colégio de Cirurgia do Hospital Militar, primeira instituição de ensino superior do Brasil, na sede do antigo Colégio dos Jesuítas no Terreiro de Jesus. Durante o século XIX, já batizada como Faculdade de Medicina e Farmácia da Bahia, incorporando também o ensino de Odontologia, foi reconhecida como um dos principais centros de formação médica do Império. Em 1908, após um incêndio criminoso, o prédio foi reconstruído e ampliado, resultando em um majestoso complexo de instalações de ensino e pesquisa bastante avançado para a época. Com mais de 20.000 m² de área construída, compunha-se de quatro blocos: Ala Nobre, Ala Nordeste, Conjunto de Pavilhões, Bibliotheca. A Ala Nobre abrigava gabinetes e salões cerimoniais; a Ala Nordeste e o Conjunto de Pavilhões compreendiam laboratórios, salas de aula, anfiteatros e auditórios.

---

* Fragmentos deste texto foram publicados em *A Tarde*, mar. 2004, p. 2, e na *Revista Ser Médico*, do CREMESP, maio de 2006.

Universidade Nova: Textos Críticos e Esperançosos

Durante cento e vinte e cinco anos, a Bibliotheca da antiga Faculdade de Medicina e Farmácia da Bahia constituiu a principal biblioteca universitária do nosso Estado. Após a reforma de 1908, a Bibliotheca foi instalada em um anexo construído em torno de uma torre de ferro naval, montada num estaleiro de Berlim, com cinco andares de estantes articuladas e corredores de piso de vidro.

No seu apogeu, possuía a maior coleção de livros e revistas científicas da área de saúde em toda a América Latina. Abrigava livros raros, de origem principalmente francesa e alemã, desde meados do século XIX até a primeira metade do século XX. Havia coleções completas de periódicos e atas científicas, destacando-se as famosas *Thèses* da Universidade de Paris e os *Jahrbuchen* da Universidade de Berlim. A partir da década de 1930, ocorreram mutilações arquitetônicas na Bibliotheca, com a instalação do Instituto Médico-Legal.

Em 1946, a Universidade da Bahia foi instituída pela união da Faculdade de Direito, da Escola Politécnica e da Faculdade de Medicina. Edgard Rego dos Santos, então Diretor da Faculdade de Medicina da Bahia, tornou-se o primeiro Reitor da nova universidade. As atividades de ensino médico foram gradativamente transferidas para novas instalações do Hospital das Clínicas, permanecendo no velho prédio do Terreiro de Jesus apenas o ensino das ciências básicas. Com a Reforma de 1969, a universidade passou a chamar-se Universidade Federal da Bahia, o ciclo básico passou a ser ensinado no Instituto de Ciências da Saúde e a administração da Faculdade de Medicina (FAMED) foi transferida para o Campus Canela.

Na década de 1980, a Ala Nobre foi reformada para abrigar o Memorial da Medicina Brasileira. Entretanto, a Ala Nordeste e o Conjunto de Pavilhões, com seus solenes auditórios e anfiteatros, pavilhões de aulas e numerosos laboratórios, ficaram abandonados, transformando-se em dantesca ruína. Da Bibliotheca foram retirados livros e revistas que na época pareciam modernos e supostamente adequados à nova escola. Separaram também alguns documentos que teriam maior importância histórica, selecionados para exibição no Memorial da Medicina Brasileira. Deixaram para trás o restante do acervo; milhares de volumes amontoados em estantes enferrujadas, dividindo espaço nos velhos corredores e salões com móveis e equipamentos descartados, na companhia de ratos, morcegos e pombos.

* * *

Fiz parte da última turma que teve aulas na velha Faculdade de Medicina do Terreiro de Jesus e dela guardo muitas memórias. Auditório imenso, repleto de alunos dependentes de apostilas, ansiosos ou desinteressados. Aulas hipnóticas, ministradas por senhores sisudos e queixosos, que teimavam em dar aulas no velho prédio, totalmente sem condições, talvez em protesto contra a transferência. Em um auditório bem construído, pé-direito alto, com bancos duros de madeira nobre, o simpático bedel, alto, magro e negro, anunciava em tom solene a presença do catedrático, solicitando a todos que ficassem de pé para recebê-lo. As aulas eram grandiosos discursos (na sua última oração, aposentando-se e despedindo-se da querida escola, o severo professor terminou em lágrimas).

Os outrora modernos laboratórios de biofísica, anatomia, fisiologia, bioquímica e farmacologia estavam desaparelhados e quase desertos. Num dos subsolos do velho prédio, que chamávamos de catacumbas, um alegre professor de gravata borboleta de bolinhas esforçava-se para nos convencer da utilidade de aparelhos obsoletos e inoperantes. Lembro-me da demonstração de uma ampola de

Raios-X, seguramente mais velha que o já bastante idoso apresentador, que, se funcionasse, faria algo sensacional: uma radiografia.

No anfiteatro redondo, um elegante senhor de capa branca e óculos escuros se empenhava em chamar a atenção dos alunos para fórmulas e diagramas, disputando-a com o fundo musical de rumbas e boleros dos bordéis e bares do Pelourinho, então plenamente ocupado pela prostituição e marginalidade. Em pouco tempo, a turma já se dividira em dois blocos. Um era formado predominantemente por mulheres, que disputavam lugar na frente das salas, no afã de melhor escutar a voz dos mestres. Outro grupo: todos rapazes que, a pretexto de gozar da brisa morna do mar, disfarçadamente arrastavam as carteiras para perto das janelas, com olhos na aula e ouvidos na música.

Minhas lembranças da velha Bibliotheca são poucas: entre móveis velhos e caixas abertas, muitos livros em francês e alemão, alguns em espanhol ou inglês, poucos em português, causavam a nós, calouros monoglotas, admiração e receio. Quando a visitei pela primeira vez, recordo ter recusado, entre surpreso e enojado, o convite de um colega para descermos ao Instituto Médico-Legal Nina Rodrigues, para assistir necropsias e, quem sabe, ver as cabeças embalsamadas de Antonio Conselheiro, Lampião e Maria Bonita.

Com todos os pesares, a vivência de ter sido aluno da velha e querida Faculdade do Terreiro marcou profundamente a nossa geração. Colegas daquele tempo compartilham, ainda e sempre, uma cumplicidade discreta, construída em aulas, encontros, científicos ou não, caminhando pelos seus longos corredores ou quando sentávamos para ver o sol se pondo sobre a Ilha de Itaparica. O sentimento que lembro ter percebido naquele tempo, e que continuamos a cultivar, conscientes do papel civilizatório que a nossa instituição desempenhou na sociedade baiana e brasileira de outrora, compreende respeito, dignidade e orgulho.

$$* * *$$

Em 1997, a UFBA iniciou o projeto Escola Oficina de Salvador, provendo formação profissional para jovens em risco social, com atividades de restauração arquitetônica do imóvel da Faculdade de Medicina. Parceiros nesse projeto, merecedores do nosso reconhecimento: Cooperação Espanhola, MINC, IPHAN, BNDES, ELETROBRÁS, secretarias estaduais do Trabalho e Ação Social e de Educação. Em agosto de 2001, o Anfiteatro Alfredo Britto foi reinaugurado, com a recuperação de sua forma original (apesar de vários paladinos da velha Faculdade se queixarem da cor do estofamento das poltronas que, aliás, não existia). O trabalho continua e, atualmente, quase oitenta por cento da Ala Nordeste já se encontra restaurada, além de várias salas da Ala Nobre.

Em 2004, a Direção da Faculdade de Medicina decidiu retornar para o Terreiro de Jesus, inicialmente com atividades administrativas. Fernando Peres (2004), eminente historiador, bibliófilo e documentalista, critica com suave ironia a decisão, face à situação atual do centro histórico da cidade, hoje transformado em movimentado complexo turístico e de entretenimento. Relembra que a investidura daquele imóvel como centro cultural, antevista pelo saudoso Reitor Macedo Costa, cumpriria função mais coerente e com maior viabilidade do que torná-lo em prédio administrativo com algumas salas de aula.

Reconheço que poucos na Bahia teriam, como Peres – celebrado autor dos clássicos *Memórias da Sé* (PERES, 1974) e *Breviário de Antonio Conselheiro* (PERES, 2002), autoridade técnica e

Universidade Nova: Textos Críticos e Esperançosos

intelectual para pronunciar-se sobre tal assunto. Conforme pude me manifestar em relação à iniciativa, antevi dificuldades, mas não impossibilidades, de transformar o valioso e vetusto monumento em moderno equipamento acadêmico.

Os amplos salões poderiam ser subdivididos com divisórias de isolamento térmico e acústico, implantando-se estações de trabalho com alto grau de ergonomia, abrigando escritórios, equipamentos e laboratórios climatizados. O problema de estacionamento seria facilmente resolvido construindo-se edificações subterrâneas em balanço na encosta. Além da rede elétrica renovada, pode ser instalada uma eficiente rede lógica, pois não se pode conceber ensino de qualidade sem adequada tecnologia de informação e comunicação. Os valiosos mobiliários, pinturas decorativas e adereços originais seriam preservados como mostruário histórico, em secções arqueológicas ou em salas especiais.

De fato, a recuperação e manutenção de prédios antigos e a operação de unidades de ensino fora do campus universitário realmente implicam enormes despesas, muito acima da nossa capacidade financeira atual. Não obstante, os dirigentes da FAMED devem ter elaborado cuidadoso planejamento orçamentário para a sustentabilidade responsável desta importante iniciativa. Resolvida essa questão essencial, creio ser plenamente viável a convivência de funções de ensino e gestão com as atividades de um centro cultural acadêmico e profissional, pois se trata de imóvel espaçoso. Afinal, bastará gerenciar eficientemente território e atividades, sincronizando visitação e agendas de trabalho institucional. Durante aulas ou reuniões de departamentos, colegiados ou da egrégia congregação, por exemplo, não haverá dificuldades em receber grupos de turistas para visitas guiadas ou em atender historiógrafos, etnólogos, heraldistas e outros pesquisadores. Tudo isso ocorre sem

Naomar de Almeida Filho

problemas no Parlamento Britânico, na Casa Branca, no Vaticano ou, como pude testemunhar, na *Harvard Medical School.*

Fernando Peres considera como tema proustiano a relação entre regresso no tempo e "identidades perdidas". Não discordamos neste ponto. De fato, neste momento, a reafirmação das identidades de sujeitos e instituições é necessária e oportuna. No entanto, não concordo que, ao retornar ao Terreiro de Jesus, a FAMED esteja em busca de uma identidade perdida porque toda a Bahia sabe que, com a instituição da Universidade da Bahia em 1946, não é possível ter ocorrido qualquer perda nesse aspecto. O sonho de Edgard Santos foi construir uma verdadeira universidade e não um mero ajuntamento de escolas isoladas. Com a fundação da UFBA, não se quis destruir tradições seculares e sim agregar valor simbólico às escolas ancestrais da nossa instituição, com isso criando novas identidades culturais para a sociedade baiana.

A identidade de ser da FAMED (e da Politécnica, de Belas Artes, da Faculdade de Direito, e de todas as outras) implica hoje, em primeiro lugar, ser da UFBA. Ao assumir a identidade de Reitor da Universidade da Bahia, Edgard reafirmou sua origem como professor (e, na época, Diretor) da Faculdade de Medicina da Bahia; Isaías Alves nunca deixou de ser educador ao organizar a Faculdade de Filosofia e Ciências Humanas; Orlando Gomes foi simultaneamente professor da Faculdade de Direito e líder intelectual da UFBA; ao emergir o projeto de Edgard Santos, Diógenes Rebouças e Presciliano Silva continuaram líderes intelectuais da Escola de Belas Artes; e tantos outros exemplos que nos iluminam.

Antes de ser Reitor da UFBA, fui aluno e professor da FAMED, depois professor e diretor do Instituto de Saúde Coletiva. Tenho orgulho desta identidade múltipla. É isso que me dá certeza de que as iniciativas da escola médica mais antiga do Brasil resultarão

Parte I – Crônica Universitária

Universidade Nova: Textos Críticos e Esperançosos

na afirmação de identidades plurais complementares, no sentido mais contemporâneo do conceito.

Porém o artigo de Peres nos adverte que idéias de retorno a passados gloriosos, quase míticos, através de certa nostalgia do nunca vivido, constituem perigoso anacronismo capaz de fomentar incabíveis sentimentos de arrogância e separatismo dentro da nossa Universidade. Proust, filho e irmão de médicos, hipocondríaco confesso (como o nosso querido Fernando Peres), na sua obra-prima *Em busca do tempo perdido*, demonstra a futilidade de se reencontrar, na contemplação do passado, 'realidades' perdidas (DELEUZE, 2003).

Somente pelo trabalho, presente e futuro, honraremos a memória do passado – que aliás jamais retorna. Hoje, quando constato os efeitos do seu excepcional trabalho de construção de identidades institucionais plurais, tenho certeza que Edgard sabia de Proust. Cada um a seu modo, cada um com sua obra, ambos estiveram adiante de seu tempo, foram homens de agora, para sempre contemporâneos.

* * *

Em vários momentos da história, tiranos arrasaram bibliotecas e queimaram livros. Esse crime é imperdoável, mas se pode compreendê-lo dentro da lógica perversa do totalitarismo político. Afinal, as tiranias sempre temeram a força das idéias e, destruindo livros, paradoxalmente reconheciam seu valor e poderio. Do ponto de vista do processo civilizatório, no entanto, crime maior é o abandono de livros, pois indiferença indica desprezo e desvalor.

Aqui, nesta terra que se pretende berço da cultura nacional, milhares de livros valiosos foram abandonados, condenados a apodrecer, encerrados em uma ruína. Deixaram enterrar viva a maravilhosa Bibliotheca da antiga Faculdade de Medicina da Bahia.

Duas vezes ao ano, normalmente por ocasião dos festejos do Dia do Médico em outubro e do Aniversário da Faculdade de Medicina em fevereiro, realizava-se um estranho ritual. Dedicados profissionais de saúde, ex-alunos da velha escola, abriam as portas do pavilhão em ruínas, convocavam a imprensa para registrar e divulgar o escandaloso abandono. Sensíveis e bem intencionados, expunham em gestos seus sentimentos de revolta e impotência. Pretendiam chamar a atenção de autoridades e da opinião pública para aquele crime cultural. Em alguns anos, as denúncias até alcançaram mídia nacional. Entretanto, passado o impacto, as pesadas portas da Bibliotheca fechavam-se e novamente se escondia a chaga infame.

Em fevereiro de 2003, ao término da solenidade de aniversário da velha faculdade, convidei todos os presentes a se mobilizarem para salvar o que restava da Bibliotheca. Professores, servidores, alunos e ex-alunos da Universidade Federal da Bahia e de outras instituições, com as próprias mãos, removemos para lugar seguro o que restava do acervo. Além disso, contamos com a ajuda da sociedade baiana, do Corpo de Bombeiros e da VI Região Militar. Em regime de mutirão, mais de uma centena de voluntários se revezaram todos os sábados, durante um ano inteiro. No fim do trabalho, quase cem mil volumes foram resgatados das ruínas. Eu mesmo tive a emoção de encontrar em uma estante derrubada, e a alegria de recolhê-lo para restauração, um exemplar da primeira edição do clássico de Claude Bernard *La physiologie et la pathologie du système nerveux*, datada de 1858.

Infelizmente, para um terço do valioso acervo bibliográfico a ajuda chegou tarde. Mais de cinqüenta mil volumes já se haviam transformado em uma pasta de celulose, crestada, contaminada por fungos, vergonhoso monumento à incúria e ao descaso. O salvamento desse importante acervo significa apenas o começo

Universidade Nova: Textos Críticos e Esperançosos

de uma tarefa muito maior. Os livros salvos da destruição encontram-se prontos para o difícil trabalho de restauração.

Em 2004, o Ministério da Saúde firmou convênio visando à recuperação arquitetônica do imóvel da Bibliotheca e implantação de um laboratório de restauro de obras raras. Além disso, conseguimos o apoio da BIREME, organismo da Organização Panamericana da Saúde dedicado à sistematização e difusão de informação científica em saúde na América Latina. Os trabalhos de restauração arquitetônica foram iniciados em 2005 e encontram-se bastante adiantados. Quanto ao acervo bibliográfico, quase dez mil livros e documentos raros já foram restaurados, sob a coordenação do Sistema de Bibliotecas da UFBA. De volta às estantes, os livros resgatados e restaurados poderão ser consultados, lidos e admirados como parte do acervo da nova biblioteca. As gerações futuras de estudantes e pesquisadores terão oportunidade de melhor conhecer e estudar um pequeno, mas crucial, elemento de uma das mais ricas tradições intelectuais e científicas da ciência brasileira, orgulho da Bahia e do Brasil.

* * *

Apesar dos avanços, devidos principalmente ao entusiasmo e dedicação das equipes engajadas nos projetos, o aporte de investimentos tem sido insuficiente para a magnitude da obra de restauração arquitetônica do imóvel da Faculdade de Medicina. Por exemplo, nunca se conseguiu captar recursos para restaurar o Conjunto de Pavilhões, composto de quatro edificações sobre a encosta, de onde se tem uma vista deslumbrante da Bahia de Todos os Santos. A reforma da Ala Nobre, realizada em 1982, foi superficial e incompleta. A cobertura do Salão Nobre desabou e a estrutura do teto de todo o prédio do Memorial está comprometida e ameaça ruir. Doações de estabelecimentos médicos (como o

Hospital Espanhol, em 2005) e investimentos captados pela direção da FAMED permitiram recuperação da pintura da fachada, escoramento do telhado e pequenas intervenções paliativas, pelo menos estabilizando a degradação física da velha casa.

Vamos completar a restauração desse monumento, matriz da medicina nacional. Para isso, esperamos contar com a ajuda de todos, não só médicos, profissionais de saúde, instituições e empresas da área, mas de toda a sociedade baiana. Será possível então implementar o projeto museológico do novo Memorial da Saúde Brasileira, já elaborado por uma equipe técnica espanhola, patrocinado pela Emtursa.

É preciso, enfim, promover esta memória, pessoal e coletiva, a fim de podermos construir no futuro um sistema de saúde mais humano, efetivamente comprometido com equidade e justiça social. Assim, as gerações futuras terão oportunidade de melhor conhecer e estudar uma das mais ricas tradições intelectuais e científicas da ciência brasileira, orgulho da Bahia e do Brasil.

Parte II
Compromisso Social

AÇÕES AFIRMATIVAS NA UFBA*

Texto 9

O Ministro da Educação veio recentemente a Salvador dar a aula inaugural da Universidade Federal da Bahia. Atendendo reivindicação de uma delegação do Movimento Negro, permitiu, no seu tempo de fala, a leitura de carta-manifesto em favor de políticas de ações afirmativas nas universidades públicas brasileiras. Mais ainda, declarou-se publicamente a favor das cotas e remeteu a questão aos foros locais, respeitando a autonomia das universidades.

O Ministro Cristóvam Buarque também disse que a universidade pública precisa colaborar no resgate da imensa dívida social e histórica da sociedade brasileira. Para isso, disse ele, não basta redistribuir os poucos lugares no ensino superior público, retirando vagas de segmentos já contemplados para concedê-las a outros grupos socialmente necessitados, e sim será preciso ampliar a oferta de vagas.

---

* Pronunciamento em Sessão Especial da Câmara de Vereadores de Salvador para discussão de Políticas de Ações Afirmativas para Afrodescendentes, proposta e presidida pela Vereadora Olívia Santana, realizada em 13 de junho de 2003.

Universidade Nova: Textos Críticos e Esperançosos

De fato, a nossa UFBA tem historicamente se omitido frente a estas questões. Nos últimos dez anos, a sociedade baiana ampliou em 106% a demanda pelo vestibular, enquanto a nossa oferta de vagas de graduação crescia em pífios 8%. No mesmo período, nenhuma discussão sobre políticas de ação afirmativa para pobres, negros e índios teve eco na instituição, apesar do Centro de Estudos Afro-Orientais (CEAO), desde 1998, ter encaminhado sucessivas propostas de abertura da discussão.

Neste momento, gostaria de anunciar que, após alguns meses de estudos e avaliações com base em dados atualizados, a Reitoria da UFBA encaminhou aos conselhos superiores da universidade proposta de implantação de um Programa de Ações Afirmativas para populações socialmente carentes, negros e índios.

Os dados que subsidiam esta proposta foram coletados nos processos seletivos dos últimos dois anos, em um projeto do nosso CEAO/UFBA, denominado *A Cor da Bahia* (QUEIROZ, 2002) quando, pela primeira vez, investigou-se origem social (alunos de escola pública) e autodeclaração racial/étnica tanto na candidatura quanto na classificação no vestibular.

A análise competente desses dados permitiu refutar o mito de que a UFBA é uma universidade que em geral discrimina pobres, afrodescendentes e indiodescendentes nos seus processos seletivos. Os dados indicam que, nos anos de 2001 e 2002, pouco mais de 55% dos candidatos ao vestibular se autodesignaram Pretos ou Pardos e apenas 1% dos que postulam ingressar na UFBA declaram etnia ameríndia. Cerca de 40% dos candidatos cursaram o ensino médio exclusivamente em escolas públicas. Mais de 51% dos aprovados eram afrodescendentes, cerca de 2% eram indiodescendentes e quase 38% dos ingressantes eram provenientes de escolas públicas.

Por outro lado, é verdade que vários cursos têm baixa proporção de alunos auto-referidos como negros ou pardos, como por exemplo Comunicação, Música (Regência), Direito, Odontologia, Arquitetura, Psicologia, Engenharia Elétrica, Engenharia Civil e Medicina – todos com menos de 30% de afrodescendentes. Alguns cursos revelam uma virtual ausência de alunos socialmente carentes, como Medicina, Odontologia, Fonoaudiologia, Comunicação, Direito e Teatro – todos com menos de 10% de egressos de escolas públicas. A explicação para essas distorções é que o contingente que se candidata a tais cursos já se pré-seleciona, como Medicina e Odontologia em 2001, ambas com 34% de afrodescendentes e 16% de candidatos de escolas públicas entre os postulantes e com respectivamente 29% e 23% de afrodescendentes e 4% e 5% de egressos de escolas públicas.

Tais dados indicam que, com a falência do ensino público básico no Estado e no País, a exclusão social ocorre muito anteriormente ao momento de ingresso na universidade, fazendo com que a composição social e racial/étnica do grupo de postulantes ao ingresso na UFBA seja bastante diferente do perfil sociodemográfico da população baiana. Por esse motivo, qualquer Programa de Ações Afirmativas sério e que pretenda obter resultados concretos não pode, por um lado, ser pautado pela restauração de proporções demográficas gerais nem pode, por outro lado, ser genérico e difuso. Deve de fato ser focalizado nos cursos onde se observa maior defasagem entre composição da demanda e efetiva classificação de ingressantes.

Assim, a proposta do Programa de Ações Afirmativas na UFBA para populações socialmente carentes, afrodescendentes e indiodescendentes que estamos propondo estrutura-se em quatro eixos: preparação, ingresso, permanência, graduação.

Universidade Nova: Textos Críticos e Esperançosos

Preparação. Neste item do nosso Programa de Ações Afirmativas, propomos três medidas:

Primeiro, participaremos nos programas de ampliação de licenciaturas para a formação de docentes para o ensino público médio e fundamental, celebrando convênios com o Governo Estadual e com prefeituras municipais. Especial atenção deverá ser concedida à formação de docentes para o ensino indígena, em programa especial a ser realizado em conjunto com a FUNAI.

Segundo, vamos ampliar o nosso Programa de Avaliação do Ensino Médio, visando melhorar o nível de ensino básico. Estas medidas poderão influenciar positivamente na qualidade das escolas públicas na Bahia, melhorando a qualificação dos seus egressos como candidatos ao vestibular.

Terceiro, convidamos programas de preparação para excluídos socialmente, afrodescendentes e indiodescendentes, como Instituto Steve Biko, Oficina de Cidadania, Pré-Vestibular Salvador, Fórum dos Quilombos Educacionais, União Nacional dos Indiodescendentes, e outros que se credenciem, a celebrar conosco convênios e acordos. A UFBA cederá instalações e equipamentos, além de promover o recrutamento de voluntários dentro dos quadros da universidade.

Ingresso. Três medidas compõem este item do nosso Programa de Ações Afirmativas:

Primeiro, estamos estudando como reduzir a taxa de inscrição ao vestibular e como ampliar a isenção concedida a alunos socialmente carentes (egressos de escolas públicas). O MEC precisa rever a posição de não destinar fundos orçamentárias para os processos seletivos da universidade.

Segundo, planejamos uma maciça ampliação de vagas para cursos de graduação na UFBA, abrindo vagas residuais, novos cursos e novas vagas em cursos preexistentes. Para isso, o MEC precisa aprovar a abertura de novas vagas para concurso de docentes e técnicos, além de aumentar os recursos de custeio da universidade visto que se espera com isso um incremento de custos com energia, segurança e manutenção.

Terceiro, vamos propor ao Conselho de Ensino, Pesquisa e Extensão um sistema de cotas para alunos pobres, afrodescendentes e indiodescendentes. Este sistema tomará como base a proporção de candidatos que declararem origem racial/étnica negra ou índia e forem comprovadamente carentes sociais; poderá ser focalizado nos cursos que apresentam parcelas de alunos egressos de escolas públicas, afrodescendentes e indiodescendentes defasadas em relação à proporção da demanda. O regime de cotas proposto poderá ser implementado por tempo limitado, sendo monitorado e avaliado a cada ano. O monitoramento competente deste experimento demandará recursos adicionais que serão solicitados ao MEC sob a forma de um programa especial para coleta e análise de dados sociais e acadêmicos dos participantes no regime.

Permanência. Sabe-se que o principal problema para a inclusão social de alunos egressos de escolas públicas, afrodescendentes e indiodescendentes pela via da formação superior não se encontra no ingresso na universidade e sim na sua permanência. Cerca de 34% dos alunos que conseguem ingressar na UFBA não completam seu curso no prazo máximo regulamentar. Portanto, para dar conta deste eixo, o Programa de Ações Afirmativas proposto incorpora três medidas:

Primeiro, uma profunda reestruturação da grade de horários da UFBA, permitindo ao aluno optar por regimes de estudos que permitam o atendimento àqueles que precisam trabalhar para sobreviver. Isso inclui também a abertura de cursos em horários noturnos e aulas concentradas em fins de semana, atendendo com prioridade aos participantes no programa de ação afirmativa.

Segundo, precisamos implementar um programa amplo de tutoria social, reforço escolar e acompanhamento acadêmico para todos aqueles que ingressarem na universidade através do regime de cotas. Isto igualmente demandará recursos adicionais que serão solicitados ao MEC e à FUNAI sob a forma de convênios especiais.

Terceiro, será preciso ampliar a capacidade de atendimento dos programas de apoio estudantil da UFBA, com mais bolsas de trabalho, bolsas-residência e auxílio alimentação. Para isso, o MEC precisa rever a posição de não autorizar despesas orçamentárias com a assistência estudantil na universidade pública.

Pós-permanência. Tão importante quanto promover preparação, ampliar acesso e garantir permanência será certamente o fomento da conclusão dos cursos e a preparação para o mercado de trabalho para alunos socialmente carentes, afrodescendentes e indiodescendentes. Todos os alunos que ingressarem na universidade através do Programa de Ações Afirmativas serão elegíveis para um programa especial de preparação para a pós-diplomação, com assessoria e assistência na obtenção de estágios e empregos, e um programa de educação permanente para aqueles que se tornarem pequenos empresários. Além do MEC, o Ministério do Trabalho e o SEBRAE serão certamente parceiros nesse importante eixo do nosso Programa de Ações Afirmativas.

A presente proposta terá o seguinte encaminhamento: inicialmente, será apreciada pela Comissão Especial do CONSEPE para Políticas de Inclusão Social que, caso aprove o conjunto de medidas, poderá encaminhá-la como sua contribuição à Câmara de Graduação que finalmente a submeterá ao plenário do Conselho de Ensino, Pesquisa e Extensão.

Naomar de Almeida Filho

Cada uma destas instâncias deverá emitir parecer técnico, porém caberá ao plenário do Conselho Universitário a aprovação final. Imediatamente após, será necessário desdobrar o Programa de Ações Afirmativas em vários projetos, a serem submetidos ao MEC. Para viabilizá-lo institucionalmente, precisamos crucialmente de novas vagas para docentes e servidores, além de recursos de custeio para fazer frente a custos adicionais de energia, segurança e manutenção.

Ao propiciar as condições necessárias à implementação do Programa de Ações Afirmativas da UFBA, o Excelentíssimo Senhor Ministro da Educação terá então a oportunidade de honrar o compromisso que, no dia 9 de maio de 2003, assumiu publicamente com as populações social e etnicamente excluídas da Bahia.

RESISTÊNCIA, BOICOTE OU SABOTAGEM?[*]

Texto 10

A UFBA está fervilhando. O debate das cotas na internet agitou a todos e a todas (sejamos politicamente corretos). Nos departamentos, nos colegiados, nos corredores e nas salas, discute-se o Programa de Ações Afirmativas que o nosso CONSEPE aprovou. Isso é ótimo, pois mostra que nossa instituição está viva, que os nossos docentes, servidores e alunos enfim saíram da letargia do milênio. Quando nem ameaças de greves nem as agruras da governança pareciam mais capazes de mobilizar vontades, eis que surge um assunto quente.

E o debate tem sido rico e frutuoso. Começou chocante, quase traumático, com algumas estocadas entre os participantes; então, apareceram textos precisos, bonitos e emocionados, conversões e convencimentos. Alguns críticos admitem enfim que a proposta tem méritos - "a melhor face às circunstâncias", disseram. Agora, se me permitem, gostaria de fazer ainda alguns comentários sobre o assunto, buscando desmascarar alguns mitos vigentes sobre a matéria.

---

[*] Uma versão resumida deste texto foi publicada em *A Tarde*, 13 de out. 2004, p. 2.

Universidade Nova: Textos Críticos e Esperançosos

O nosso regime de cotas é bastante diferente de todos os projetos já aprovados em outras universidâdes brasileiras. Algumas dessas universidades, com importante contingente de afro-brasileiros, onde as cotas meramente repõem situações vigentes, tomaram uma decisão quase que simbólica. Nenhuma delas, por exemplo, focaliza a reserva de vagas naqueles cursos onde há uma clara discriminação seletiva no vestibular.

A proposta de cotas sociais e étnicas na UFBA nunca foi pensada como uma solução em si, dado que constitui um subitem de um dos itens de um aspecto específico do Programa de Ações Afirmativas. O posicionamento das cotas raciais como um recorte das cotas sociais, definidas pela pertinência do candidato simultaneamente afro-brasileiro e aluno de escola pública, encontra respaldo na composição censitária da nossa população. Não se apresenta, portanto, como uma política definitiva e será suspensa na medida em que as metas de cada curso sejam alcançadas. De todo modo, esperamos transformar radicalmente, em dez anos, a face da nossa universidade.

O candidato, mesmo integralmente coberto pelos critérios sociais e étnicos de inclusão, deverá obter escores superiores ao ponto de corte do seu curso. Haverá, é claro, comparando seus escores gerais com alunos protegidos pelo programa, queixas de candidatos que ficaram fora dos programas de ações afirmativas e que foram classificados no vestibular, mas não admitidos. Isso é natural em qualquer processo ou mecanismo de inclusão social. Afinal, desde Aristóteles, sabe-se que se deve tratar desigualmente os desiguais.

Não procede a denúncia de que se tratava de um processo quase em surdina, imposto sem discussão. A intenção do Programa será sempre ampliar e acolher idéias e propostas que visem à melhoria do sistema. Houve 2 seminários (um deles no contexto de uma Reunião da Andifes, de âmbito nacional), 2 grupos de trabalho, 4 audiências públicas e 15 sessões de trabalho abertas à participação de não-membros dos Conselhos. Quatro versões da proposta circularam no âmbito da comunidade universitária da UFBA. Concordo que houve pouca participação nos debates, porém não é verdade que não teria havido divulgação adequada. É saudável que, antes tarde do que nunca, importantes lideranças reabram este debate tão oportuno e relevante.

Enfim, o tema da inclusão social de grupos estigmatizados e discriminados na sociedade não é uma questão de menor importância neste momento de Reforma Universitária. Cabe à UFBA, instituição pública de maior hierarquia acadêmica no Estado, garantir ao máximo possível que alunos de escolas públicas se beneficiem do Programa de Ações Afirmativas.

Os princípios que norteiam o Programa, claramente expostos nos seus documentos básicos, podem ser resumidos nos seguintes argumentos.

O Brasil padece de uma das piores distribuições de renda do mundo, que conduz a profundas iniqüidades sociais, manifestas principalmente na dívida social da saúde e da educação. Essa situação decorre de um débito político: 500 anos de escravatura e genocídio e 200 anos de luta de classes determinaram exclusão social e política de grande parcela da população brasileira. Contudo, mesmo com a superação da dívida social, o débito histórico com populações ameríndias dizimadas e com povos africanos escravizados não será imediatamente resolvido, merecendo superação e reparação específica.

A reparação pela via da educação é uma obrigação social de toda instituição de ensino superior que mereça o nome de universidade. A natureza pública da instituição universitária federal, topo do sistema de educação pública, portanto, justifica priorizar – e não privilegiar – alunos de escolas públicas que conseguem atingir níveis de formação que os capacitam a prosseguir para o ensino superior.

Entretanto, além dos aspectos doutrinários, precisamos avançar nas questões operacionais da política de ação afirmativa, para que ela não fique no papel, na gaveta e na boa intenção. Nesta etapa inicial, será prudente fazer uma avaliação das reações e resistências, que já aparecem, tanto de dentro da instituição quanto de fora, na sociedade, e que produzem obstáculos, barreiras, dificuldades e armadilhas frente às propostas de ação. Para melhor superá-las ou preveni-las, precisamos identificar e reconhecer a natureza dessas modalidades de reação e suas derivações. Proponho classificá-las em quatro tipos:

Crítica programática. O criticismo programático defende uma suposta inviabilidade das ações afirmativas, declaradas meritórias em intenção, porém questionáveis em seus critérios operacionais. As razões alegadas referem-se à relação custo-benefício (programas caros, investimentos altos que poderiam ser destinados a ações de retorno imediato etc.). Também apontam problemas na operação da proposta (impossível definir raça, somos todos afrodescendentes; a classe média poderá fraudar o sistema etc.) ou no seu impacto (haverá queda na qualidade do ensino, evasão elevada, formação deficiente de profissionais etc.). Os defensores dessa modalidade de resistência produzem uma retórica de base técnica e aparentemente racional que só pode ser vencida pela demonstração de uma práxis perseverante e competente, aproveitando a crítica para melhoria das propostas e avanço nas estratégias.

Resistência. Frantz Fanon (1980) escreveu uma obra-prima chamada *Pele Negra, Máscara Branca*, onde argumenta que o racismo ocidental entranha-se de tal forma nas estruturas psíquicas do homem moderno que opressor e oprimido terminam regidos por um mesmo registro de recalque e repressão. Fora de qualquer plano lógico-racional, emergem formas inconscientes de resistência, individual ou social, a propostas de superação de iniqüidades pela via da reparação. Podemos reconhecer esta modalidade de reação pelos seus efeitos e não por vontade manifesta dos que reagem. Se alguém diz: "sou totalmente a favor de reparar o genocídio indígena, a tragédia da escravidão e a indigna exclusão social", mas dos seus atos nada resulta (ou resulta o contrário), temos um exemplo dessa forma de resistência. A cruel história escravagista e sucessivas gerações de preconceito e estigma deixaram marcas indeléveis no inconsciente pós-colonial que somente processos radicais de conscientização (no sentido freiriano) poderão superar e remover. Além disso, muito precisamos aprender até podermos atuar, de modo emancipatório, no imaginário social, pelo menos com a mesma eficiência das estratégias da publicidade mercadológica.

Boicote. Muitos dos sujeitos resistentes a programas de promoção da igualdade pela reparação têm coragem de assumir publicamente, de modo aberto e claro, suas posições mesmo quando essas parecem "politicamente incorretas". Esse tipo de reacionarismo por princípio pode ser de direita ou de esquerda, tanto faz. Alguns acham que o mundo sempre foi e é desigual e injusto e que não há qualquer problema em continuar assim, mantendo-se os privilégios de alguns poucos sustentados justamente pela carência de muitos. Outros – às vezes auto-proclamados de esquerda – defendem que qualquer política de reparação social ou política pública de compensação poderá atenuar a luta de classes e isso atrasaria o

Universidade Nova: Textos Críticos e Esperançosos

processo revolucionário. De todo modo, o boicote que fazem é, num certo sentido, franco e leal. Por isso, os defensores das ações afirmativas podem enfrentar essa modalidade de reacionarismo aprofundando a disputa e derrotando-a nos planos político e institucional.

Sabotagem. Chamo de sabotagem a toda e qualquer forma de produção de obstáculos e dificuldades que, mesmo indireta, camuflada, disfarçada ou denegada, resulta em prejuízos aos programas de ações afirmativas. Muitas vezes, a sabotagem consiste na proposição ou realização de atos e iniciativas que, aparentemente, nada têm a ver com preconceito ou racismo, mas que objetivamente resultam em enfraquecimento ou fracasso de programas de reparação. Trata-se da forma mais traiçoeira e covarde de reação, de difícil reconhecimento e superação. Os reacionários dessa modalidade se travestem de apoiadores, fazem discursos pró-ações afirmativas e até mesmo se posicionam publicamente a favor de propostas nessa direção.

Infelizmente, com freqüência, somente se consegue identificar a sabotagem nos seus efeitos concretos, depois que corroeu ou implodiu estruturas e instituições em processo de transformação, quando já é muito tarde para um enfrentamento eficaz no plano ético e político. Para isso, precisamos organizar uma constante vigilância, em termos mais que metafóricos, a fim de, por um lado, denunciar e desmascarar os reacionarismos camuflados e, por outro lado, desativar a tempo as armadilhas e bombas de efeito retardado plantadas pelos sabotadores.

Neste momento, em que se descortina uma árdua luta política necessária para a construção histórica da identidade nacional, espero que tais reflexões colaborem para a superação de impasses e resistências. Fortes reações contra políticas afirmativas de reparação e inclusão social já se esboçam, algumas abertas e outras disfarçadas, em maior ou menor grau. Isso era de se esperar. Afinal, quem disse que seria fácil? Que inocente acreditaria que, magicamente, uma sociedade racista e excludente de 300 anos mudará em 300 dias? Ou que, por decreto, uma instituição elitista de 60 anos se transformará em meros 60 dias?

A comunidade universitária e a sociedade baiana (especialmente sua classe média) têm neste momento uma grande oportunidade. Podemos todos demonstrar que, ao invés de uma competição historicamente desleal para acesso à escola superior pública, é plenamente possível se tomar uma atitude cooperativa, compreensiva, solidária e generosa que poderá, no fim das contas, servir de exemplo para as gerações futuras.

O SUCESSO DAS COTAS NA UFBA: DUAS HIPÓTESES, UMA PREOCUPAÇÃO*

Texto 11

A principal crítica que o Programa de Ações Afirmativas da UFBA sofre de segmentos da sociedade e da própria universidade compreende o risco de redução da qualidade dos alunos selecionados pelo sistema de cotas para egressos de escola pública, quilombolas, índios aldeados, negros e indiodescendentes. Com a implantação do sistema, dispomos agora de dados suficientes para, em primeira instância, avaliar se tal crítica tem fundamento (ALMEIDA FILHO et al., 2005).

Isto implica responder a duas questões: Primeiro, será que o regime de cotas efetivamente foi capaz de mudar o perfil do alunado da UFBA? Segundo, houve queda em qualidade e desempenho dos alunos selecionados pelo vestibular?

Comparemos os dados do Vestibular de 2005 com 1998, quando se começou a registrar o perfil socioeconômico-étnico dos candidatos. Em 1998, 70% dos aprovados eram oriundos de escola

---

* Artigo publicado em *A Tarde*, Suplemento Especial em Homenagem ao Dia da Consciência Negra, 20 nov. 2005, p. 2.

Universidade Nova: Textos Críticos e Esperançosos

particular e 30% de escola pública; em 2005, 53% vieram de escola particular e 47% de escola pública. A análise por cursos igualmente evidenciou radical transformação no perfil do alunado em cada uma das escolas. Exemplos: no passado, eram de escola pública 4% dos novos alunos de Odontologia, 5% de Medicina, 9% de Comunicação e 14% de Direito; hoje, após o sistema de cotas, nenhum desses cursos tem menos de 45% de oriundos de escola pública. Em relação à origem étnico-racial, a mudança foi também significativa. Em 1998, 53% dos aprovados eram brancos e 40% eram pretos ou pardos; em 2005, 74% dos aprovados se autodeclararam negros e apenas 21% brancos, aproximando-se das respectivas proporções populacionais.

Os dados também refutam uma suposta quebra dos rigorosos critérios de qualidade de ingresso na UFBA. Ao contrário das previsões pessimistas, com o sistema de cotas houve aumento do escore médio do vestibular: em 2003, 10 028 pontos; em 2004, 10 156 pontos; em 2005, discreto aumento para 10 207 pontos. A média geral dos não-cotistas foi 6,1 e a dos cotistas 5,5, diferença de 6%. A análise por opção de curso demonstrou que somente em um curso a diferença entre cotistas e não cotistas superou 10% do escore total. Em Medicina e Direito, normalmente cursos bastante concorridos, a diferença de média entre cotistas e não-cotistas foi apenas 8%. Portanto, a adoção do sistema de cotas não resultou em redução significativa do desempenho médio dos alunos aprovados.

Os dados são, portanto, claros em evidenciar a eficácia do programa no cumprimento das metas de aumentar a inclusão social na universidade sem comprometer a excelência acadêmica. Como explicar tais achados, aparentemente surpreendentes e paradoxais? Submeto duas hipóteses que se complementam.

A primeira, que chamaria de "hipótese estatística", tem base no dado de que na Bahia há quase 700 mil alunos matriculados no ensino médio em instituições públicas e pouco mais de 50 mil em escolas particulares. Anualmente, estimamos contar com 180 mil potenciais candidatos oriundos de escola pública e 20 mil candidatos de escolas privadas. Antes das cotas, as 4 mil vagas da UFBA eram ocupadas por aproximadamente 3 mil alunos de escolas particulares e 1 mil provenientes do ensino público, correspondendo a 15% e 0,5% da demanda potencial, respectivamente. Hoje, com a reserva de 45% das vagas para egressos do ensino público, acolhemos cerca de 1.800 alunos nessa categoria (1% da demanda) e 2 mil alunos do ensino privado (10% da demanda). Isto significa que, com o sistema de cotas, a UFBA seleciona o melhor candidato em cada 100 jovens que concluem o ensino médio em escolas públicas.

A segunda é a "hipótese motivacional". Podemos supor que muitos candidatos de escola pública de grande potencial, conscientes das chances adversas, não se motivavam ou simplesmente não ousavam prestar vestibular para os cursos de sua vocação. Agora, graças ao Programa de Ações Afirmativas, os melhores da imensa massa de jovens provenientes de classes sociais desfavorecidas, de altíssimo potencial intelectual e profissional, têm uma oportunidade de ingressar no ensino superior público de qualidade.

No VI Seminário de Pesquisa e Pós-graduação da UFBA, fiz uma palestra onde defendi o conceito de Universidade como promotora de inclusão social sem abdicar de seu papel histórico de casa da excelência em ciência, tecnologia, arte e cultura. Ora, os dados analisados sugerem que não haverá diminuição na qualidade do ensino por causa da reserva de vagas do Programa de Ações Afirmativas da UFBA. Não há paradoxo, portanto, entre ser uma instituição de excelência e promover a inclusão social porque não é

Universidade Nova: Textos Críticos e Esperançosos

justo nem ético que o conhecimento, a criatividade e a qualidade da universidade pública sejam usufruídos por poucos.

A instituição universitária não pode mais ser concebida como "torre de marfim" a serviço do elitismo e da exclusão social, como tem sido ao longo da sua história. Devemos compartilhar o que temos de melhor com segmentos sociais anteriormente excluídos do acesso aos valores da cultura e da civilização.

Não obstante, gostaria de manifestar uma preocupação. Com a política de ações afirmativas estaremos, a longo prazo, fomentando mobilidade social principalmente para estudantes que ingressarem em cursos de maior competitividade. O papel social da instituição universitária pública não terá sido cumprido se, após graduados, esses jovens reproduzirem o sistema de opressão, discriminação e exclusão social do qual foram vítimas antes de entrar na universidade.

Para prevenir essa perversão social, precisamos avançar e aprofundar a transformação da velha universidade. Vamos fazê-lo engajando-a em projetos pedagógicos inovadores, articulados à produção crítica de conhecimento e criação, integrados a projetos de mudança social, criando enfim uma cultura institucional de compromisso social com excelência acadêmica em todos os níveis e processos de formação na Universidade Federal da Bahia.

ALÉM DAS COTAS*

Texto 12

Sexta-feira, 18 de agosto de 2006. Tivemos que interromper uma reunião por causa de uma manifestação do movimento negro. Haviam bloqueado o trânsito em frente à Reitoria, queimando pneus. Apitos, gritos em coro, palavras de ordem bem ensaiadas. Como precisava sair para um seminário sobre a reforma universitária, resolvi descer e caminhar até o sindicato docente. Na escadaria, cruzei com vários líderes do movimento, conhecidos da luta pela implantação do Programa de Ações Afirmativas na UFBA, que subiam ao primeiro andar para ocupar a varanda frontal do prédio. Alguns nem me notaram, tomados pela excitação própria de momentos como aquele. Outros me saudaram, sem esconder a surpresa. Embaixo, enquanto atravessava a pequena multidão, pude observar que haviam estendido faixas e cartazes na grade da sacada. A principal reivindicação era assistência estudantil para os cotistas. Apinhados no terraço, os que não conseguiram lugar na frente subiam em cadeiras e bancos, mostrando as caras.

---

* Texto inédito, escrito em 27 de agosto de 2006.

Universidade Nova: Textos Críticos e Esperançosos

Um repórter me descobriu no meio da confusão. Queria declarações oficiais. O que achava da manifestação? – Justa nas reivindicações, porém equivocada nos métodos, fazer tumulto e interromper o tráfego em nada ajudaria a conquistar a opinião pública. Por que a universidade não oferece assistência estudantil? – A universidade não é instituição de caridade, é uma instituição de conhecimento que precisa apoiar os seus alunos dando condições necessárias para serem melhores estudantes, por isso falamos de apoio social e não de assistência estudantil. Então por que não tem apoio social suficiente? – O orçamento não prevê recursos; antes, despesas com residência, alimentação e bolsas de monitoria eram custeadas por taxas escolares, com isenção total aos alunos pobres; os estudantes entraram na justiça e conseguiram suspender a taxa de matrícula que era vinte reais por semestre; hoje, cobrimos o possível, com recursos próprios geridos pelas fundações de apoio. E sobre as bolsas? – Oferecemos bolsas de fontes diversas, funcionam bem, porém são poucas, longe de cobrir a demanda crescente. O jovem e interessado jornalista anotou tudo, cuidadosamente. Despedi-me e retomei meu caminho.

No dia seguinte, o assunto foi manchete e foto principal da primeira página do jornal. Na reportagem, vi-me descrito na cena como "tranqüilo, com uma mão no bolso e uma agenda na outra mão", dando razão ao movimento, lamentando a falta de verbas, enquanto ativistas invadiam o gabinete e danificavam os sofás da Reitoria.

Era um sábado nublado, quase chuvoso. Fui ao aniversário de um amigo. Churrasco numa pequena chácara, acolhedora, bem-cuidada. Clima de carinho familiar, encontro de amigos, confraternização e alegria. Os carros estacionados à sombra das mangueiras revelavam a presença do que por um tempo se chamou de alta sociedade. Contrastavam com sinais de simplicidade (roupas casuais, roskas, cervejas e caipirinhas, um grupo de samba tocava música popular brasileira com a participação de convidados e membros da família) que hoje compõem a já diagnosticada elegância sutil dos baianos.

Muitos me abordaram preocupados com a invasão da Reitoria, queriam manifestar solidariedade. Um amigo estava indignado (havia lido somente as manchetes) e me perguntava como podia ajudar. Outros insistiam em elogiar minha suposta paciência. Tentei tranqüilizá-los com o meu testemunho dos fatos, e aproveitei para reiterar os argumentos da conversa com o jornalista que não chegaram a compor a notícia.

Uma elegante senhora me disse, com flagrante sinceridade: – O que eles querem mais? Não já ganharam as cotas? Nesse momento, pude perceber a dimensão do problema, um profundo mal-entendido cultural. Resolvi mudar o tom nas conversas. Incorporei a pergunta sincera no seio do argumento e espero tê-los convencido de pelo menos dois pontos.

Primeiro, a reserva de vagas nas universidades públicas não é compensação nem concessão. Significa abertura de oportunidades, conquistadas e não gratuitamente concedidas. Quem entra na UFBA pelas cotas faz o mesmo exame vestibular de todos, porém compete com outros oriundos de escola pública, aqueles que tiveram chances de preparação equivalentes. A reserva de vagas para alunos provenientes de escola pública é plenamente justificado por ser a universidade uma instituição pública, topo da pirâmide da educação no Estado da Bahia. Faria algum sentido continuar com a reserva de vagas, na universidade pública e gratuita, para aqueles formados no sistema privado de ensino básico, principalmente nos cursos de maior seletividade social?

Universidade Nova: Textos Críticos e Esperançosos

Segundo, o Programa de Ações Afirmativas não se resume a ingresso de jovens negros, índios e pobres no ensino superior. Isso estava claro desde o começo. Acesso às universidades não é em si garantia de inclusão e mobilidade social. Para viabilizar a permanência dos alunos de baixa renda na instituição, precisamos de mais do que cotas, emergenciais e temporárias. As oportunidades devem ser verdadeiras e completas, sob a forma de bolsas de trabalho, de iniciação científica e de monitoria e, para os que vêm do interior do Estado, bolsa-alimentação e residência estudantil. Além de reserva de vagas, a sociedade (através das instituições) deve a eles oferecer condições mínimas de sucesso. Se não, mais uma vez um ardil ideológico se terá instaurado: "vejam, demos aos negros, índios e pobres uma chance, mas não foram capazes de aproveitá-la".

Desde a implantação do Programa de Ações Afirmativas, tem sido pouco frutífera nossa busca por apoios, como se a inclusão social fosse apenas obrigação da universidade e não um compromisso da sociedade. Quando alguns alunos ocuparam o prédio da Farmácia-Escola e nele improvisaram uma residência estudantil, pedimos auxílio em toda parte. Fizemos uma lista dos municípios de origem dos estudantes. Ligamos para os prefeitos de todos os municípios que tinham mais de um estudante na lista. Pedimos ajuda à Secretaria Estadual de Educação, com base na seguinte indagação: se o governo da Bahia tem um eficiente programa de bolsas para estudantes em faculdades privadas, poderia apoiar alunos das instituições públicas de ensino. Visitei empresas, associações comerciais e instituições, promovi reuniões com capitães da indústria, executivos de bancos, gestores de organizações da sociedade civil e de conselhos profissionais, sempre apresentando os excelentes indicadores de desempenho dos cotistas na universidade e pedindo apoio.

(Lembro-me em especial de uma longa e atribulada viagem a um dos centros industriais da Região Metropolitana de Salvador, em companhia de um entusiasmado militante negro. Queríamos aproveitar a presença do executivo principal de uma grande empresa do setor de mineração que teria demonstrado simpatia pela causa da inclusão social e racial. Enorme decepção: fomos bem recebidos por um senhor louro e apressado, que objetivamente disse não.)

Independentemente de partido político, nenhuma prefeitura deu resposta positiva, alegando justificativas diversas: já apoiavam casas do estudante, transporte de alunos e bolsas de estudo em faculdades privadas etc. A secretária de educação achou o pleito interessante porque incluía as universidades estaduais, pioneiras nas ações afirmativas, mas depois nos informou que, para atendê-lo, seria preciso uma complicada alteração legislativa. Atenciosos líderes empresariais e corporativos ofereceram estágios, sem compreender exatamente natureza e alcance da proposta. Faço questão de citar três exceções, como exemplos que espero se multipliquem: a Fundação Mariani, com um programa exemplar de apoio acadêmico, a Bahiagás, empresa do setor de energia, e a Conseil, empresa de logística industrial, ambas custeando bolsas de permanência.

Espero sinceramente ter sido capaz de convencer os convidados do animado aniversário, deixando-os um pouco preocupados com a atual situação da universidade e do país. De resto, não desanimamos. O acesso amplo à formação superior é fundamental para tornar viável qualquer projeto de futuro para a sociedade brasileira. Cada um de nós poderá fazer sua parte, de diversas maneiras, colaborando com as instituições públicas no compromisso social de reduzir as imensas iniqüidades que travam o desenvolvimento econômico, social e cultural do nosso país.

Parte III
Política Universitária

PARA ABRAÇAR A UFBA*

Texto 13

Bom dia a todos e todas. Eu gostaria, em primeiro lugar, de falar da minha satisfação de estar neste processo, junto com companheiros tão dedicados à Universidade. Gostaria de agradecer, especialmente, aos 332 docentes, 249 servidores e 188 alunos, que constituíram a rede de apoio à nossa candidatura, na qual foi discutida esta síntese de programa que tenho a oportunidade de trazer ao conhecimento de vocês.

A nossa proposta se pauta em quatro princípios. O primeiro deles: a **missão social da Universidade**. O papel social fundamental da Universidade repousa sobre a liberdade de pensamento e a capacidade de crítica e de criação, organicamente afinadas, para enfrentar os desafios do desenvolvimento local, regional e nacional. O segundo princípio é o princípio da **excelência acadêmica** nas ciências, nas artes e nas humanidades. Precisamos de um projeto político capaz de transformar a excelência acadêmica em efetivo instrumento para a transformação social. Nesse processo, a UFBA

---

* Participação no debate com candidatos à Reitoria da UFBA em 6 de junho de 2002. Transcrito e revisado, foi publicado em *Cadernos da APUB*, outubro de 2002.

Universidade Nova: Textos Críticos e Esperançosos

deve tornar-se um qualificado centro de investigação e criação, articulado a uma dinâmica simultaneamente local e global. O terceiro princípio é o **respeito à diversidade** intelectual, artística, institucional e política. A valorização da pluralidade e da liberdade de atuação deve resultar em estratégias capazes de produzir saberes e práticas efetivamente interdisciplinares. O quarto princípio é a **competência de gestão**. Somente com uma gestão competente, a Universidade vai poder alcançar o pleno cumprimento da sua missão social, fomentando a excelência acadêmica e o respeito à pluralidade. A eficiência administrativa, obrigação de toda instituição pública, potencializa os recursos existentes, reformando estruturas, simplificando redes de gestão e valorizando as pessoas, que fazem funcionar nossa universidade.

Tais princípios se desdobram em pontos programáticos.

O primeiro deles, referido à **missão social** da Universidade, diz respeito à **autonomia** para a Universidade; precisamos conquistá-la. Esta autonomia será conquistada, negociada com a sociedade onde nos integramos. Com isso, poderemos ampliar o acesso de setores sociais excluídos à Universidade. Precisaremos reforçar a integração da UFBA com a rede de formação superior do nosso Estado. E buscaremos também ampliar o papel da nossa Universidade na sociedade prestando serviços socialmente relevantes. E, por último, precisamos inserir a Universidade no desenvolvimento local, regional e nacional.

Segundo princípio: **promoção da excelência acadêmica**. Devemos valorizar as produções científicas, artísticas e tecnológicas no mesmo patamar. Para isso, vamos dinamizar a atuação do Conselho Superior de Ensino, Pesquisa e Extensão. Precisamos superar as carências no ensino de graduação, reorganizando as grades curriculares e os sistemas de horários. Vamos fortalecer os sistemas de bibliotecas e redes de informação e, desta maneira, promoveremos uma inserção qualificada da Universidade no panorama acadêmico nacional e internacional.

Em relação ao princípio do **respeito à pluralidade** complementado com a busca de integração, precisamos – e vamos fazê-lo – remover amarras à criatividade e iniciativa. Ampliaremos as opções institucionais de promoção da pesquisa, da criação e da extensão. Pretendemos também fomentar a prática de esportes e lazer, carências inexplicáveis em nossa universidade. Vamos também incentivar a criação de centros e núcleos interdisciplinares e interunidades de pesquisa e de criação. E, finalmente, precisamos e vamos implementar políticas facilitadoras da integração entre unidades, setores e *campi da UFBA*.

Nosso último princípio, a **competência de gestão**, se desdobra em dois. Primeiro, a questão de uma política de valorização de pessoas e, segundo, o elemento da modernização administrativa. A política de valorização de pessoas tem um componente essencial. Refiro-me à realização de programas de formação de pessoal utilizando, em primeiro plano, os recursos docentes próprios da Universidade. Aumentaremos a segurança no *campus*, inserindo com mais firmeza a nossa Universidade nas iniciativas sociais de combate à violência. Vamos implantar uma política de apoio aos estudantes baseada em eqüidade e justiça, além de um programa de apoio aos aposentados. Para coordenar esse conjunto de ações e iniciativas, criaremos uma pró-reitoria de desenvolvimento das pessoas e da comunidade universitária. No que se refere ao segundo elemento da competência de gestão, pretendemos realizar uma ampla reforma organizacional na UFBA, com descentralização da gestão, otimização da infra-estrutura, acesso amplo à informação acadêmica institucional ou contábil, reforma patrimonial, plano de

Universidade Nova: Textos Críticos e Esperançosos

gerenciamento ambiental dos *campi* e, finalmente, a implantação do orçamento participativo.

Avançando rapidamente diante da escassez de tempo, afirmamos esta declaração fundante do nosso programa: *o caráter público e gratuito da universidade não é contraditório com a convivência com financiamentos captados sob a forma de contratos e convênios com entidades públicas ou privadas, desde que destinados a atividades de relevância social, com alto interesse acadêmico, sob controle social e transparência de gestão.*

E temos quatro quereres.

Queremos construir uma Universidade moderna e competente, buscando a excelência acadêmica, artística e científica, capaz de fomentar o trinômio ensino, pesquisa e extensão, oferecendo aos alunos um ensino de graduação e de pós-graduação de alta qualidade, bem como cursos de extensão e estágios profissionalizantes, academicamente relevantes.

Queremos também construir uma universidade justa e igualitária, capaz de contemplar não apenas os sábios, artistas e cientistas que nela brilham e despontam, mas os professores que tocam o ensino no dia-a-dia, os servidores que fazem funcionar esta instituição tão complexa, os estudantes que trazem tanta juventude, criatividade e boa energia aos nossos *campi*.

Queremos ainda construir uma universidade com autonomia política, administrativa e financeira, capaz de captar recursos sem vender sua alma pública e sem comprometer seu caráter democrático e pluralista, além de constituir-se em modelo de gestão pública e eficaz, democrática e, sobretudo, transparente para toda a sociedade.

E, finalmente, queremos superar o marasmo interno e os impasses externos, respeitando a pluralidade, promovendo a excelência, cumprindo a missão social da universidade e, para isso, com união e compromisso, sensatez e serenidade, energia e coragem e, mais que tudo, com alegria, vamos todos abraçar a UFBA. Muito obrigado.

Debate: A necessidade de um pacto social na e pela Universidade

Eu vou responder primeiro a questão que me foi dirigida diretamente. Tenho mais cinco outras aqui por escrito, não vou ter tempo de responder cada uma, mas tentarei integrá-las numa resposta geral.

Primeiro, a pergunta da professora Acioly: Como eu avaliaria a gestão do Reitor Heonir Rocha?

Muito rapidamente, uma avaliação desse tipo deve ter três componentes: um componente acadêmico, um componente administrativo e um componente de política institucional. Minha opinião é que, na referida gestão, foi realizada uma tentativa parcialmente bem sucedida de resgatar o mérito nesta Universidade. A Universidade não precisa se envergonhar de ser uma instituição com base no mérito acadêmico, e aproveito para afirmar minha descrença na hipótese da incompatibilidade absoluta, total entre **mérito, democracia e eficiência**. No aspecto administrativo houve uma série de intenções positivas, para simplificar os processos internos, porém, estas intenções positivas foram barradas por uma falência na política institucional. Não atribuo nenhum desses aspectos, exceto os pontos positivos, à pessoa do professor Heonir, mas creio que faltou um pacto social nesta Universidade.

Em segundo lugar, as questões que Varenka traz em relação à divisão de verba. Encontra-se em nosso programa uma proposta de orçamento participativo. Em outra oportunidade retornarei ao

Universidade Nova: Textos Críticos e Esperançosos

assunto para dar uma idéia de como pretendemos fazer isto. Em relação à formação de servidores, também contemplamos um programa de requalificação de servidores e docentes, priorizando a utilização dos recursos próprios da Universidade: equipamentos, pessoas e docentes.

Terceiro, a série de questões de Roque. Roque disse que não é um acadêmico, mas eu defendo que ele é um acadêmico. Trata-se de um acadêmico da vida e do trabalho, certamente. Se não o fosse, a precisão de suas questões não seria tão flagrante. Em relação ao RU e à dispersão do campus, são temas que devem retornar na reforma patrimonial, infelizmente bloqueada nesse processo. Não confundam a emenda orçamentária constitucional com o projeto de reforma patrimonial. São questões diferentes e ambas devem ser retomadas, para soluções realistas e compatíveis com a situação da Universidade.

E a última pergunta foi sobre a greve. Já me manifestei especificamente sobre isso no debate com os servidores, indicando até que no nosso programa há uma referência ao compromisso de uma permanente interlocução junto a ANDES, FASUBRA e UNE nas lutas em defesa da Universidade pública e de qualidade; e de defesa, também, da remuneração e condições de trabalho dos professores, servidores e do apoio aos estudantes. Reafirmo este compromisso, de que todas as lutas legítimas das categorias terão o nosso apoio.

Em quarto lugar, há uma série de questões do professor Joviniano Neto. Primeira, a nossa Universidade não pode se furtar a participar ativamente da construção de um projeto político nacional pelo fato de que somos, por definição, fonte permanente de crítica social, de crítica científica, de crítica cultural; precisamos assumir este papel com decisão e firmeza. Agora, um corolário da pergunta de Joviniano é: como atender às demandas sociais, evitando a privatização? Minha opinião, desenvolvida neste processo de discussão e construção coletiva e ampliada do nosso programa, é a seguinte: precisamos integrar-nos à sociedade. Não podemos nos atrasar no processo social. É inaceitável, na verdade, que sejamos pagos com recursos públicos, em sua maior parte retirados do bolso dos trabalhadores, para sermos vanguarda... e falharmos nisso. A sociedade prossegue, avança numa velocidade muito grande, e nós nos retardamos. Não é admissível que estejamos reduzindo a nossa capacidade de atender às demandas sociais pelo nosso marasmo interno, pelos nossos bloqueios, pelas nossas dificuldades institucionais.

Então, eu concluo, Joviniano, dizendo que precisamos, efetivamente, resgatar a missão social da Universidade, que não deve ser, somente, uma fonte passiva de crítica, mas sim deve tornar-se uma instituição viva e atuante para atender às demandas da sociedade; porém, mais do que isto, no sentido de colaborar com a sociedade para que as demandas nela produzidas o sejam efetivamente para o progresso dela mesma e também da nossa Universidade.

Compromisso democrático

Em relação à pergunta de Cely Taffarel, gostaria de dizer que a nossa atuação na ANDIFES buscará, em primeiro lugar, representar as posições coletiva e democraticamente construídas na nossa Universidade. O reitor é um representante da Universidade e, nessa condição, deve se articular com outros movimentos sociais, esperando que esses também tenham voz forte e firme na defesa da posição das universidades no cenário nacional.

Universidade Nova: Textos Críticos e Esperançosos

Antônio Câmara traz a questão das verbas. Acho que a nossa proposta do orçamento participativo dá conta disto. Agora, como lidar com o tema do risco de privatização, neste sentido que tem sido muito usado nos debates desta campanha. Em minha opinião, este é um sentido distorcido, ao definir privatização em relação à perda de controle da destinação dos recursos captados via convênio, ou contratos, em contrapartida à prestação de serviços. Acho que um controle social efetivo da Universidade precisa ser estabelecido, principalmente em função da falta de regulação. A nossa Universidade tem sido muito ineficiente, através dos seus conselhos superiores, na construção desse arcabouço jurídico-institucional de que necessitamos, para ter o controle social da nossa Universidade. Quer dizer, como garantir a autonomia interna, mas com controle social? Enfim, estou muito preocupado com tudo isso, e parece que Câmara também.

Agora, sua segunda questão é extremamente importante. Você pergunta: como definir o conceito de qualidade? E como se define – e você até especifica, quem define – o conceito de relevância social? Eu vou tratar destes problemas um a um.

O conceito de qualidade acadêmica não pode ser definido internamente. É uma falácia acharmos que temos autonomia na definição do que é uma pesquisa de qualidade, do que é uma criação de qualidade, do que é um produto artístico de qualidade. Quem define a qualidade do produto artístico é a platéia, é o público que aplaude ou vaia, ou mantém sua freqüência a uma peça de teatro, a um concerto, ou um recital.

Por sua vez, a comunidade científica tem formas estruturadas de fazer isso. Então, para saber o que é qualidade em relação a um produto científico, você tem que inquirir às respectivas comunidades científicas nas suas especificidades. Ir, por exemplo, à comunidade científica de Física, de Comunicação, de Ciências Odontológicas ou de Saúde Coletiva e perguntar quem são esses sujeitos que se apresentam nesta eleição como candidatos, qual é a qualidade da sua produção acadêmica. Eu dei o exemplo de Física, de Comunicação, de Ciências Odontológicas e de Saúde Coletiva só porque estamos aqui nesta mesa... mas vale para qualquer pesquisador. E isso não é autonomamente definido. A ciência é, por definição e por história, uma prática heteronômica.

Quanto ao conceito de relevância social, apresento uma resposta simples: é a sociedade que define o que para ela é relevante. Mas, você também tem razão, ao especificar que sociedade é um conceito que pode ser tomado de modo abstrato. Prefiro tomá-lo de modo concreto, como formação econômico-social e como campo e conjunto de forças e movimentos sociais, que interagem de modo tão dialético que não podemos adotar maniqueísmos em relação às formas de definição. Não há uma abordagem linear que defina a relação social, porque não há somente sujeitos individuais envolvidos nesse processo. Precisamos compreender a dialética de forças que inserem e articulam a universidade nos campos social e político.

Eu teria que ter muito mais tempo do que disponho, para responder a este material que saiu do dossiê de alguém. Vocês lembram dos dossiês, não lembram? Saiu do dossiê de alguém o registro de uma metáfora, que propus em Cachoeira, em 1997, em uma reunião promovida para discutir os futuros possíveis para a Universidade. Eu vou guardar o dossiê neste momento e, depois, aproveito para responder, porque efetivamente a questão que Luiz Filgueiras traz é de todas a mais importante e oportuna.

Universidade Nova: Textos Críticos e Esperançosos

Na nossa Universidade – em função, talvez, até da instabilidade jurídico-institucional – temos tido formas variáveis, flutuantes, mutantes de tomar decisões, especificamente no sentido eleitoral. Sou partidário de que, de uma vez por todas, evoluindo, aperfeiçoemos os processos democráticos de tomada de decisão e de escolhas, envolvendo, inclusive, eleição de dirigentes. No momento, Filgueiras, também evoluindo, creio que não é admissível, nem cabível, que tomemos decisões sobre regras de processos eleitorais que mudam com tais processos em curso.

Todos ficamos consternados com o que aconteceu no plano nacional, quando o Superior Tribunal Eleitoral, no curso do processo eleitoral para presidência da república, tomou uma decisão que modificou os rumos deste processo. Agora, também, não é possível que, a cada eleição, se utilize uma forma diferente de escolha de dirigentes. Isso tem que ser feito num processo de conquista da efetiva autonomia de gestão da universidade. Mesmo porque se a gente for tomar decisões em relação a coisas tão importantes quanto a escolha dos nossos dirigentes no calor dos processos, no açodamento dos atrasos produzidos por esta nossa incapacidade de conduzir a Universidade com um efetivo pacto social, algo que nos una, que nos abrace e não que nos separe, e, no decorrer deste processo, se definem regras para escolher dirigentes, essas regras serão absolutamente interessadas.

Esta é, em síntese, a minha posição neste momento. A minha posição sobre esse assunto, num momento anterior, era de um momento anterior com uma forma de escolha diferente da atual. Eu já disse, em todos os debates onde participei, quando me foi perguntado qual a minha posição, sempre respondi que meu nome não está disponível para compor qualquer lista que será enviada ao

Ministério da Educação, caso, se assim o quiserem, não seja eu o primeiro colocado.

Transparência e controle social

Vou começar pelas questões especificamente a mim dirigidas por Anderson. Ele pergunta como enxugar a administração central em uma estratégia de descentralização, para recuperar a competência de gestão da Universidade e indica a nossa experiência no Instituto de Saúde Coletiva como terceirização. Boa parte do tempo que eu perdia na administração central, como diretor do ISC, era buscando servidores de apoio técnico-administrativo para o Instituto de Saúde Coletiva. Em todos os diagnósticos da situação dos servidores da UFBA, o nosso Instituto era a unidade menos servida por esta importante categoria, este importante segmento, sem o qual o nosso trabalho acadêmico fica comprometido. Então, não temos o quadro de apoio técnico-administrativo completo simplesmente porque a Universidade não conseguiu disponibilizar servidores nesse período. Todos os que foram disponibilizados, nós absorvemos e estamos sequiosos que apareçam mais, para que nosso trabalho efetivamente possa cumprir sua missão social.

Agora, a transferência de quadros é parte do processo de descentralização. Não se trata de um enxugamento do corpo de apoio técnico-administrativo da Universidade. Propomos um enxugamento da administração central que, historicamente, tem sido inflada e centraliza funções em demasia. Então é um processo que deve ser de descentralização não somente de tarefas e responsabilidades, mas também de pessoal bem como de recursos materiais e financeiros através do orçamento participativo.

Universidade Nova: Textos Críticos e Esperançosos

A questão de Batista: como reintegrar os aposentados, não só nos Conselhos Superiores, mas no trabalho da Universidade? Nós temos já testado, no Instituto de Saúde Coletiva, duas alternativas; uma delas com muito sucesso e a outra ainda iniciando a experiência. Primeiro, temos uma prioridade de contratação dos aposentados nos convênios captados, em todos os projetos que realizamos. E segundo, nós podemos convocar os aposentados com sua experiência, docentes e quadro de apoio, para aquele programa de formação dos quadros técnico-administrativos mencionado na apresentação do nosso plano de ação já que, sendo implantado efetivamente, haverá uma sobrecarga para os docentes. Pensamos em ampliar para á UFBA esta experiência dos nossos aposentados do ISC, que não são inativos, pelo contrário, são muito ativos.

Em terceiro lugar, a questão de Márcia Tosta. Não sendo eleito, participará do debate? Mas é claro! Nunca me furtei ao debate. Em todo esse período, 22 anos na Universidade, sempre participei dos debates e ações em prol do futuro da universidade, claro que dentro da minha competência e dos meus limites. E me candidato a continuar discutindo, especificamente, o tema a que tenho mais me dedicado, que é a inserção da Universidade no panorama da ciência e tecnologia nacional e no campo da saúde.

Vicente, suas duas questões. Uma: se os grupos que me apóiam, votarão no mais votado. Os grupos que nos apóiam, os segmentos acadêmicos, as categorias profissionais, têm seus processos próprios de decisão, eles definirão sua posição. Eu sou um representante desse consenso, dessa vontade majoritária. Não a submeterei a quaisquer posições, por mais progressistas que me pareçam.

A segunda pergunta de Vicente Neto trata de uma questão-chave: a privatização do ensino superior. Minha posição em relação à privatização, já apresentada no decorrer dos debates, encontra-se agora bastante amadurecida.

Primeiro, há um sentido técnico de privatização, como, por exemplo, privatização de siderúrgica. No caso do ensino superior, eu sou terminantemente contra a privatização. Assim como saúde não é uma mercadoria, educação não é mercadoria nem cultura é mercadoria. São valores que não podem ser privatizados. São direitos dos sujeitos e deveres do Estado democrático moderno.

Segundo, no sentido restrito do termo – notem que é um sentido mais restrito do que o que está aparecendo –, se toma privatização como uma apropriação indébita, por pessoas ou grupos, do bem público. Eu também sou terminantemente contra esta situação. E nem poderia ser de outra maneira, porque se trata de crime social, infração prevista no Estatuto do funcionalismo público, com penalidades específicas. E cabe, ao gestor, a obrigação de apurar e punir.

Entretanto, há um terceiro sentido do termo privatização que, este sim, me incomoda porque é um sentido maldoso, distorcido. Atribui-se à privatização uma equivalência com iniciativas de captação de recursos extra-orçamentários via convênios ou contratos. Não importa, nesta generalização absurda, a fonte dos recursos, sejam públicos ou privados. Neste caso, eu posso até dizer que, se o parceiro for uma instituição privada, a gratuidade, ou renúncia de receita, tecnicamente, é privatizante. E se, por outro lado, realiza-se a captação dos recursos ou a cobrança dos serviços trata-se do oposto da privatização, porque estaremos transferindo valor monetário do setor privado para o setor público.

Qual é então a questão-chave? A transparência e o controle social. E, neste caso, não podemos abrir mão de formas de regulação, avaliação e monitoramento que sejam absolutamente claras e

Universidade Nova: Textos Críticos e Esperançosos

transparentes, com efetiva determinação do corpo dirigente, dos conselhos da Universidade e de toda a comunidade universitária. Esta é a nossa posição em relação à questão da privatização que precisa, de uma vez por todas, ser esclarecida para que esta distorção, este viés, de tão má intenção, não prossiga. Isto precisa definitivamente ser esclarecido.

Considerações finais – navegando/construindo um barco novo

Em todos os debates, tenho usado o tempo da fala final para compartilhar alguma reflexão que possa nos servir para fazer prosseguir a discussão. Gostaria de dedicar a de hoje ao professor Pedro Agostinho, autor de um estudo etnológico clássico chamado *Embarcações do Recôncavo* (SILVA, 1974), e na seqüência vocês vão entender por que faço isso.

No primeiro debate, no Instituto de Biologia, tentei aprofundar um pouco a discussão sobre a natureza da missão social da Universidade. No debate do PAF, a questão foi a relação entre democracia e competência de gestão, onde defendi a posição de que não são incompatíveis. Na Faculdade de Arquitetura, o tempo não permitiu me estender muito, mas busquei aprofundar um pouco o debate sobre as fraturas da Universidade.

E, hoje, proponho falar rapidamente sobre o tema da pluralidade e equidade. Convido todos a uma reflexão mais conceitual em busca de uma definição mais rigorosa do conceito de pluralidade.

Penso que a pluralidade é composta por vários elementos.

Um elemento, que podemos chamar de *diferença*, compreende a heterogeneidade de sujeitos e grupos que, justamente, produz a sua identidade e os torna não idênticos. Diferença não é do conjunto nem do contexto, refere-se a sujeitos individuais ou a grupos homogêneos internamente. E o outro elemento, que chamamos de *diversidade*, implica um atributo do conjunto.

Diversidade não é, portanto, atributo dos sujeitos individuais nem dos grupos de pares, é uma propriedade do conjunto social. A Universidade é diversa, portadora de diversidade, porém os indivíduos e os grupos são diferentes.

Um outro importante conceito é o conceito de *distinção*. É um conceito bastante trabalhado por um importante sociólogo francês, recentemente falecido, Pierre Bourdieu (1979), que trata da atribuição positiva de diferenças, em um sentido inclusive estético, de algo que é bom, e deve ser valorizado.

Outro conceito-chave nesta discussão é o de *desigualdade*. Trata-se de uma variação dimensional da pluralidade, mas em uma mesma escala. Por exemplo, uma escala monetária, uma escala social ou alguma outra escala.

E o último conceito, que nós não temos utilizado muito, mas que é essencial para se entender a questão, é o conceito de *iniqüidade*, que expressa uma desigualdade injusta.

Nossa proposta para a UFBA, em seu componente de respeito à diversidade, à pluralidade e à busca de integração, propõe:

■ valorização da pluralidade – tanto em relação à diferença quanto à diversidade;

■ fomento à distinção – todos nós queremos ser excelentes, queremos ser os melhores possíveis naquilo que fazemos;

■ redução das desigualdades e, se não sua erradicação, que é o desejável, pelo menos maior promoção da equidade.

Universidade Nova: Textos Críticos e Esperançosos

É necessário, portanto, distinguir redução e erradicação das desigualdades do respeito à pluralidade. Isto porque, no âmbito acadêmico onde por definição nos situamos, será ótimo que continuemos sendo diferentes, porém não desiguais.

Eu gostaria de encerrar, retomando a metáfora do vapor de Cachoeira, apenas para relembrar a todos o que estava naquele dossiê. A UFBA é um barco a vapor, modalidade antiga de um meio de transporte. Em sua viagem, uma diversidade meteorológica de cenário (tempestades e borrascas) pode atingi-la. Porém os temporais se tornam mais fortes e freqüentes, e o barco pode afundar. Ou o vapor entra no estaleiro, ou trata de se refazer sem interromper a viagem.

O vapor não é um todo homogêneo, é claro. Há núcleos de excelência, há centros de pesquisa e de criação; bóias que mantêm o vapor da UFBA navegando com grande esforço. Dentro dele se constrói um navio moderno e, numa determinada hora, a casca se abre, sai o novo e deixa o velho barco encalhado num museu. Nós temos que pensar como deve ser o novo barco.

Na verdade, já estamos pensando como deve ser o novo barco. Agora, mais que tudo, o nosso chamamento para abraçar a Universidade, respeitar a pluralidade, fomentar a distinção, reduzir as desigualdades, implica também um convite a que todos embarquem no navio novo. Não queremos que ninguém fique no barco encalhado. Nem queremos que alguém fique no museu. A UFBA é a união de todos nós na busca desse novo. Quando o novo barco estiver pronto para partir, queremos que todos venham conosco. Todos a bordo.

NOSSO PROJETO-SONHO*

Texto 14

Queridas alunas, queridos alunos,

A Universidade Federal da Bahia tem a alegria e o privilégio de acolher todos e todas.

Aproveitamos este momento para convidá-los a se engajar em nosso projeto-sonho: renovar a velha e querida UFBA.

No plano interno, estamos empenhados em construir uma universidade competente, buscando a excelência acadêmica, artística e científica, oferecendo aos alunos um ensino de graduação e de pós-graduação de alta qualidade. Estamos empenhados também em tornar a UFBA uma universidade administrativamente moderna e financeiramente viável, sem comprometer seu caráter democrático e pluralista, além de constituir-se em modelo de gestão pública e eficaz, democrática e, sobretudo, transparente para toda a sociedade.

---

* Mensagem aos alunos da UFBA, por ocasião da primeira Recepção Calourosa, em 9 de junho de 2003.

Universidade Nova: Textos Críticos e Esperançosos

Sonhamos enfim com uma universidade justa e igualitária, capaz de contemplar não apenas os professores que tocam o ensino no dia-a-dia, mas também os servidores que fazem funcionar esta instituição tão complexa e, sobretudo, vocês, que nos brindam com tanta juventude, criatividade e boa energia.

No plano externo, nestes tempos de globalização e tecnologia da informação, enfrentamos duas tendências articuladas, que podem vir a se constituir em duas sérias ameaças ao ensino superior brasileiro: a internacionalização mercantilizada e a privatização.

Universidades, empresas e governos estrangeiros tentam impor aos países em desenvolvimento um padrão global de internacionalismo acadêmico, gerado e regido por fontes centrais de cultura, ciência e tecnologia localizadas nos países do Norte. Direitos autorais e patentes protegem o conhecimento e a produção artística de países industrializados enquanto os seus bens tecnológicos e culturais inundam nações em desenvolvimento, tratados como meros mercados consumidores condenados à eterna remessa de lucros, a despeito do impacto sobre o bem-estar das pessoas.

Além disso, o Brasil vem sendo invadido por uma publicidade massiva de programas de educação-instantânea oferecidos por instituições norte-americanas e européias, pela Internet ou através de parceiros locais (normalmente escolas particulares de terceiro grau). O Brasil conta com sistemas nacionais de avaliação e credenciamento que têm sido até agora eficientes como barreiras protetoras. Porém, recentemente, houve pressões fortes para incluir o item ensino superior nos acordos comerciais multilaterais na Organização Mundial do Comércio.

As premissas fundamentais por trás dessas ameaças são as seguintes: que a sociedade é um mercado, que o ensino superior deve ser tratado como uma mercadoria e, como tal, poderia ser feito para exportação. Acreditamos que estas suposições são equivocadas. Além de competição e produtividade, a sociedade é solidariedade e valores comunitários; portanto, o ensino superior é muito mais que um bem comercializável. A educação universitária se baseia em valores ideológicos, científicos, estéticos e culturais que são insubordináveis ao reducionismo típico de bens e mercadorias.

* * *

Caríssimos alunos e alunas. Neste momento de renovação da universidade como instituição, temos o dever de construir uma alternativa à resposta dada pelo mercado às necessidades sociais de ensino superior. Precisamos reinventar a universidade pública. Precisamos tornar realidade a boa-intenção da pesquisa, criação e inovação com alcance social efetivo. Por tudo isso, todos nós – Reitoria, dirigentes acadêmicos, professores, servidores e, principalmente, vocês – encontramo-nos em uma posição privilegiada para discutir, criar, defender na nossa prática um modelo renovado de universidade para o Brasil.

Para começar a realizar este projeto-sonho, vamos precisar, em primeiro lugar, superar as contradições e impasses herdados da velha universidade. Não se trata aqui de resistir brava, mas burramente, à investida da academia estrangeira.

Em segundo lugar, devemos buscar realizar uma universidade competente, capaz de cumprir sua função social. A universidade renovada irá além do desenvolvimento moral, cultural e econômico, buscando tornar-se instrumento para ajudar as sociedades a efetivamente alcançar pleno desenvolvimento social.

Isto significa dizer que precisamos conceber um modelo eficaz de universidade formadora de cidadania. Isto implica construir a universidade renovada como um verdadeiro estabelecimento público, aberto à participação política das comunidades às quais ele serve, firmemente comprometido com a igualdade e justiça social neste mundo tão sofrido.

Sejam bem-vindas e bem-vindos à Universidade Federal da Bahia, nossa casa. Casa do conhecimento, da arte, da ciência, da cultura e da paz.

As universidades foram feitas para louvar e promover a paz na Terra.

Axé, shalom, hosana e saudações universitárias!

SOBRE O TROTE*

Texto 15

A sociedade baiana reage com indignação ao trote com que alguns estudantes da Faculdade de Medicina agrediram calouros e danificaram patrimônio público da Universidade Federal da Bahia. No Espaço do Leitor de um jornal local (*A Tarde*, 18 jan. 2004), o pai de um estudante da UFBA comenta que os colegas de seu filho, "de maioria pobre e negra [...] são mais civilizados do que os vestidos de branco da Medicina". Refere-se ao trote como "coisa ultrapassada, cafona, violenta, insensata e brutal" e propõe a expulsão dos seus autores, "cuja maioria é de classe média alta".

Por um lado, mesmo compreendendo as razões do leitor e concordando com suas opiniões sobre a natureza bárbara do trote, não posso aceitar as generalizações. A maioria dos acadêmicos de Medicina é bem-educada e também repudia atos de vandalismo, arrogância e agressão. Porém, por outro lado, creio que o ilustre leitor está certo em dois pontos:

---

* Artigo publicado em *A Tarde*, 27 jan. 2004, p. 2.

Universidade Nova: Textos Críticos e Esperançosos

(a) o trote na universidade é uma manifestação grosseira, primitiva e ultrapassada, a ser vigorosamente reprimida;

(b) o trote violento ainda resiste por causa da iniqüidade social presente em certos segmentos e funções da instituição universitária.

A iniciação universitária era uma tradição medieval. Nasceu quando as universidades eram poucas e reservadas à elite nobre, que se considerava uma casta superior com ascendência divina. O domínio do saber resultava essencial para a estrutura política feudal e os métodos da época eram bárbaros e cruentos. O trote compreendia rituais de humilhação e submissão impostos aos candidatos a *alumni*. Havia também provas de sofrimento e coragem, muitas vezes custando vidas humanas.

Com a modernidade, impôs-se um novo modelo de universidade baseado nas demandas do modo de produção industrial. As castas e cátedras feudais, vitalícias, hereditárias e oligárquicas, cederam lugar a corporações e academias. No século passado, um novo modelo de universidade foi implantado no mundo desenvolvido, com base na competência técnica, na democratização do acesso e no atendimento a demandas sociais.

Nos ambientes universitários modernos, a iniciação universitária encontra-se restrita a rituais docentes e de graduação. Somente nos *campi* norte-americanos permanece uma tradição iniciática nas fraternidades estudantis, de caráter totalmente consentido e privado. O trote persiste em poucas universidades brasileiras, em cursos como Agronomia, Veterinária, Engenharias e, principalmente, Medicina. Nesses casos, mantém uma face empobrecida e anacrônica dos rituais medievais que parece ter sido parte da herança franco-lusitana do nosso sistema de ensino superior. Não esqueçamos que o termo 'trote' designa justamente o ato, antes comum em universidades ibéricas, de se montar nos calouros e forçá-los a correr como bestas.

A essência do trote, na sua caricatura atual, é a humilhação de postulantes a ingresso em uma suposta casta intelectual. A submissão se dá mediante coação sob ameaça de violência e exclusão que, muitas vezes, produz vítimas. Na USP, em 1997, um estudante de Medicina morreu afogado. Na UFBA, em 1998, um aluno de Agronomia sofreu traumatismo craniano durante um trote e os seus agressores foram severamente punidos. Ano passado, alunos de Medicina Veterinária, Engenharia e Medicina foram agredidos. Este ano, registramos apenas o episódio envolvendo estudantes de Medicina.

Há um forte elemento simbólico nos atos de um trote, que pretendem significar a violenta imposição do domínio de uma casta sobre aqueles que postulam dela fazer parte. Vejamos, como exemplo, a extorsão de dinheiro dos calouros ostensivamente para custeio das farras dos veteranos. Mesmo sendo roubo mediante seqüestro ou ameaça à integridade física, crime tipificado no Código Penal, impõe-se uma cumplicidade à própria vítima, com base no seu suposto desejo de inclusão na casta superior. É este *esprit de corps* que protege os agressores e alimenta a ameaça de exclusão dos que reagem ao ritual. A farra dos "veteranos" (notem o léxico fascista-militar) se faz provocativamente às vistas dos calouros humilhados – em um bar no Vale do Canela, no caso da Faculdade de Medicina – com base na certeza de impunidade.

A persistência do trote explica-se por uma certeza de impunidade que se baseia em três pontos: no poder da classe social de origem do delinqüente, na cumplicidade da vítima e na suposição da leniência da instituição. Para superar esta pseudo-tradição, precisamos atuar em três planos: político, simbólico e jurídico.

Universidade Nova: Textos Críticos e Esperançosos

No plano político, o banimento do trote é sem dúvida uma meta importante. Precisamos avançar para reduzir o poder das classes sociais que dominam nossa sociedade, tornando-a menos opressiva e iníqua, em todas as esferas, inclusive no âmbito micro-social das universidades.

No plano simbólico, mesmo os mais "tradicionalistas" concordam que nem todas as tradições devam ser preservadas ou recriadas. Ninguém hoje proporia resgatar a tradição medieval do ordálio como modalidade de julgamento, do cinto de castidade como garantia de matrimônio e dos *castrati* como forma de expressão artística.

No plano jurídico, cumpre uma vigorosa ação no sentido de enquadrar e punir os responsáveis pelas transgressões, reafirmando a natureza civilizatória da instituição universitária. Não há porque cultivar uma tradição "violenta, insensata e brutal" que pode ferir pessoas e danificar o patrimônio público.

A GREVE ESTUDANTIL[*]

Texto 16

Os estudantes da Universidade Federal da Bahia decidiram entrar em greve no dia 15 de julho de 2004. Seis dias depois, foi entregue à Reitoria um documento intitulado *Pautas gerais de reivindicações dos estudantes da UFBA*, contendo extensa lista de reivindicações. Nesse documento, havia menção a pautas internas de unidades de ensino e também a uma pauta nacional.

No dia 26 de julho, a Reitoria encaminhou ao comando de greve documento oficial sobre as reivindicações dos estudantes, onde se examinava de modo circunstanciado e sistemático, com toda a seriedade e responsabilidade, conteúdo, pertinência e viabilidade de cada demanda. Vários pontos mereceram desdobramento, o que ampliou a já extensa lista para quase meia centena de pleitos.

Cerca de 1/5 dos itens da pauta não eram pertinentes à Reitoria, incluindo questões da alçada de outras esferas institucionais e jurídicas ou outras instâncias da Universidade. Reivindicava-se

---

[*] Uma versão preliminar deste texto foi publicada como edição especial do *UFBA em Pauta*, em agosto de 2004.

Universidade Nova: Textos Críticos e Esperançosos

desde a construção de órgão complementar que nunca havia sido anteriormente proposto até o "Fim do contingenciamento de verbas nas áreas educacionais". Não se pode entender por que constava a reivindicação do descontingenciamento de verbas federais em uma pauta de greve local: política econômica do governo e execução orçamentária da União são prerrogativas da Presidência da República e sua equipe ministerial. Outro exemplo de não-pertinência, embora no senso oposto: "Garantir eleição para Diretor do HUPES". Conforme o Regimento daquele hospital, vigente, o processo de escolha do diretor é competência exclusiva do seu Conselho Deliberativo, presidido pelo Diretor da Faculdade de Medicina, a quem compete definir sua pauta.

Concordamos com a justeza e pertinência dos elementos essenciais da pauta estudantil, assinalando que a maioria desses pontos já constava do *Plano de metas do reitorado*; e, em grande medida, o exame dos pleitos encaminhados já se encontrava em curso em grupos de trabalho, câmaras, comissões e conselhos superiores da UFBA. Inicialmente, buscamos separar as pautas locais de cada faculdade ou escola (porque isso é o que de fato parecia mobilizar a grande massa de alunos insatisfeitos com o cotidiano de carências do ensino), da pauta geral da nossa universidade e da pauta nacional que vagamente se definia "contra a Reforma Universitária". Conforme o Quadro abaixo, conseguimos compilar 37 reivindicações pertinentes ao âmbito da Reitoria. Havia enorme convergência (89% dos itens) entre a pauta estudantil e o nosso Plano de Metas para a UFBA.

Súmula de Avaliação da Pauta Estudantil

REIVINDICAÇÕES	
Já atendidas	9 (24%)
Com atendimento em curso	15 (41%)
Acolhidas, porém dependendo de recursos	9 (24%)
Em concordância	**33 (89%)**
Em discordância	4 (11%)
Total de reivindicações pertinentes	37 (100%)

Constatamos que 65% das reivindicações pertinentes compreendiam iniciativas já realizadas ou em curso. Algumas das demandas até se mostravam tímidas, revelando desconhecimento do que já se faz na UFBA. Os exemplos mais curiosos disso: "aplicar 2 a 5 % do orçamento da PROEX para divulgar produção artística e científica da UFBA" e mais "Bolsas de Iniciação Científica". No primeiro caso, o Gabinete da Reitoria, a PROEX e a PRPPG já investem mais de 30% dos seus parcos orçamentos nesta importante função, apoiando não só divulgação mas também realização de eventos. No segundo caso, pareciam desconhecer que, em 2003, a UFBA obtivera 420 bolsas de iniciação científica, mais que todas as outras instituições de ensino superior do Estado da Bahia somadas.

Universidade Nova: Textos Críticos e Esperançosos

A pauta geral da Greve Estudantil em relação à UFBA concentrava-se em quatro pontos: a) segurança nos *campi*; b) assistência estudantil; c) sucateamento de prédios e laboratórios; d) contratação de professores e servidores. Concordamos com todos esses pontos, e é claro que já havíamos tomado iniciativas a esse respeito, porém sua implementação esbarrava na carência de recursos orçamentários e institucionais.

O Programa de Segurança nos *Campi* da UFBA havia sido aprovado no Conselho Universitário desde 2003, mas não se implantara por falta de recursos financeiros. Envolvia principalmente pequenas intervenções como gradeamento, iluminação, urbanização, capino, organização dos estacionamentos etc., sistemas de controle de acesso e segurança eletrônica, a ser sustentado por meio de um Fundo de Segurança sob a forma de condomínio custeado pelas empresas (livrarias e bancos principalmente) que operam no campus. Parte importante desse programa consistia na celebração de convênio com a Polícia Militar e a Polícia Civil, como já existe na maioria das instituições federais de ensino superior no Brasil. Infelizmente, este item foi retirado da discussão no Conselho justamente por solicitação da representação estudantil.

O item Assistência Estudantil encontrava-se previsto no novo Programa de Ações Afirmativas que tínhamos aprovado um mês antes da greve. Os principais pontos mencionados nos debates pelos alunos em greve eram: construção de novas Residências Universitárias (que fazia parte da reforma patrimonial em andamento) e Restaurante Universitário (já aprovado, estando em curso uma adaptação do Centro de Convivência).

O sucateamento de prédios, equipamentos de ensino e laboratórios é um problema compartilhado pela maior parte das universidades públicas brasileiras, devido principalmente à falta de recursos orçamentários para investimento em manutenção predial, equipamentos e construções. Pelo terceiro ano consecutivo, uma Emenda Parlamentar de Bancada havia sido aprovada, mas não liberada. A emenda de 2004 montava a 8 milhões de reais. A pauta estudantil incluía ainda a conclusão do principal pavilhão de aulas do Campus Ondina. Trata-se de um complexo de ensino cuja construção estava parada porque entramos na justiça contra a construtora que não cumpriu prazos e tentou forçar reajuste de orçamento; o saldo financeiro foi recolhido ao Tesouro Nacional no final de 2002 e nunca conseguimos liberação dos créditos.

Como todos os reitores de universidades federais, lutávamos através da ANDIFES pela contratação de professores e servidores. Naquele ano, fizemos todos os concursos previstos; faltavam algumas autorizações para contratação que deveriam ser emitidas pelo MEC. E, é claro, queríamos a abertura de novas vagas porque a reposição tem sido tão lenta que aposentadorias, demissões e falecimentos recentes praticamente anulam os preenchimentos dos últimos anos.

A pauta nacional da Greve Estudantil da UFBA compreendia dois itens:

a) "apoio aos movimentos de servidores e docentes";

b) "contra a Reforma Universitária do MEC, de Palocci e do FMI".

Em relação ao apoio estudantil às mobilizações de docentes e servidores, a única e óbvia alternativa era solicitar do Governo empenho e urgência no processo de negociação das respectivas pautas de reivindicações. Sobre a greve dos servidores técnicos e administrativos da UFBA, tivemos oportunidade de reafirmar nossa compreensão de que a pauta do movimento dos servidores era

Universidade Nova: Textos Críticos e Esperançosos

histórica e politicamente justificada e que merecia imediato atendimento pelas autoridades federais.

Mas vejamos o outro item, rejeição radical de qualquer proposta de Reforma Universitária.

Compareci a reuniões com lideranças e uma dessas se transformou numa mini-assembléia. Ali, confirmei que o grau de desinformação é enorme, porém maior ainda era a manipulação de informação por setores interessados em barrar o processo de reforma. Colocando-se contra o que chamam de "projeto do MEC e do FMI", que estaria fatiado e camuflado, misturavam a lei da PPP e a de Inovação Tecnológica com o Projeto da Reforma Universitária, junto com o ProUni e o projeto de cotas. Na assembléia, notei que muitos estudantes estavam sedentos por esclarecimentos.

(A essa altura, não posso conter um comentário pessoal: acho que os estudantes estão pedindo por professores que sejam realmente educadores e menos pseudo-companheiros de lutas).

Argumentei, do modo mais didático possível, na seguinte linha:

a) Não existia, ainda, projeto de Reforma Universitária do MEC no Congresso Nacional. As diretrizes foram publicadas para produzir debates e subsidiar um projeto que seria submetido à Presidência da República em novembro.

b) A lei da PPP e o Projeto de Lei de Inovação tangenciam a Reforma Universitária, porém dela não fazem parte.

c) O ProUni e o PL das Cotas buscavam resolver questões importantes nos aspectos de regulação fiscal do setor privado e de política social, mas não eram elementos estruturantes da Reforma Universitária.

d) Autonomia e financiamento são pré-condições, mas também não constituem em si elementos estruturantes para uma Reforma Universitária.

Para justificar tais postulações, propus o seguinte raciocínio: "Se conquistarmos completa autonomia administrativa e financeira, se o Governo colocar à nossa disposição todo o orçamento necessário, se abrirmos a universidade a grupos excluídos do ensino superior e se, ainda assim, continuarmos com esta mesma instituição que todos criticamos como arcaica, pesada, burocratizada, ineficiente, incapaz de formação atualizada, alienada da sociedade – terá acontecido a Reforma Universitária?" (Fiz essa pergunta diretamente à assembléia e a resposta dos estudantes foi um sonoro 'não').

Defendi que falta debater com seriedade muitos temas vinculados à Reforma Universitária, especialmente aqueles a que se tem dado pouca atenção: modelo organizacional [política institucional, governança e gestão] e modelo acadêmico [arquitetura de cursos, estrutura de ensino, conteúdos]. Afirmei: "Sem reconstrução do modelo organizacional e do modelo acadêmico realmente não se pode falar em Reforma da Universidade". Conclui chamando-os à responsabilidade no sentido de avaliar opções existentes e apresentar propostas e alternativas e não meramente embargar – emburrados (nos dois sentidos do termo) – processos de mudança.

Alguns membros do DCE propuseram a convocação extraordinária de uma Assembléia Universitária. Poderia ter sido uma alternativa interessante, se devidamente avaliada pelas nossas instâncias deliberativas, resultando em uma espécie de congresso interno da UFBA, organizado de modo profissional, sistemático e produtivo. Provocados pela mobilização estudantil, que se mostrou representativa de amplos setores do nosso alunado, além de

Universidade Nova: Textos Críticos e Esperançosos

inegavelmente alegre, simpática e vibrante, tivemos uma grande possibilidade de terminar enriquecendo o processo da Reforma Universitária com a participação ativa dos estudantes.

* * *

Infelizmente, nunca houve qualquer resposta formal do comando de greve estudantil ao documento da Reitoria que pudesse ter sido caracterizada como parte do diálogo e pactuação necessários para superar aquela crise em nossa universidade. Ao contrário, ocorreram radicalizações até hoje inexplicadas.

Em 9 de agosto, uma reunião do Conselho Universitário aprovou, em consenso e por unanimidade, incluindo o voto da representação estudantil, uma pauta conjunta de discussão dos problemas da universidade e uma comissão paritária para encaminhamento da organização de um seminário geral para repensar a UFBA. No dia seguinte, houve uma ruptura unilateral do pacto: o Gabinete do Reitor foi invadido e a Reitoria ocupada por 17 dias. A desocupação foi negociada em torno da convocação do Conselho Universitário visando ao reconhecimento da greve como legítima (o que ninguém havia sequer contestado) e do Conselho de Ensino, Pesquisa e Extensão para refazer o calendário acadêmico (que já se fazia necessário face à própria greve).

A discussão da pauta original do movimento nunca foi retomada pelos estudantes. A comissão paritária teve dificuldades de organização e a proposta do seminário geral foi esquecida. Vários cursos retornaram às aulas, atendendo decisões de assembléias localizadas. Após as eleições municipais de outubro, a greve se esgotou, porém arrastou-se até o dia 20 de novembro. Os remanescentes sequer alcançaram quorum para uma assembléia de encerramento do movimento à altura da mobilização inicial.

MAL-ENTENDIDOS DA GREVE*

Texto 17

Soube, através de vários veículos de imprensa, que uma assembléia estudantil aprovara moção de repúdio, manifestando "total indignação" por supostas declarações do Reitor à imprensa. Segundo distintas reportagens, os estudantes sentiram-se "ofendidos" porque ele teria dito que "o comando de greve estaria criando alvoroço" e que os estudantes eram "baderneiros" e "mentirosos". Em reunião do Conselho Universitário, um representante do movimento estudantil afirmou que o movimento estudantil foi agredido e adicionou outro epíteto às supostas declarações do Reitor: "estudantes irresponsáveis".

O Reitor desmente frontalmente todas estas acusações. Primeiro: nenhum desses adjetivos jamais constou de qualquer declaração por ele emitida, em público ou privado, sobre os estudantes e seu movimento. Segundo: nunca fez qualquer

---

* Texto inédito, escrito em agosto de 2004. Não foi encaminhado ao movimento estudantil em função da ruptura provocada pela invasão e ocupação da Reitoria.

Universidade Nova: Textos Críticos e Esperançosos

referência, por escrito ou verbal, ao comando de greve e aos assuntos internos da política estudantil. Terceiro: o Reitor mantém todo respeito pela mobilização dos estudantes e não perdeu qualquer oportunidade de declarar isto.

* * *

Aparentemente o mal-entendido foi gerado por entrevista recente, em que eu comentava a desinformação sobre o debate da reforma universitária entre os estudantes e a população. Disse isto com base no fato de que a maioria dos estudantes (numerosos – com quem estive conversando em reuniões e assembléias nas unidades) desconhecia a posição oficial atual do MEC sobre a reforma universitária. Com a melhor das intenções, os estudantes citavam projetos de lei que tangenciavam (em maior ou menor escala) a universidade e alguns documentos do Banco Mundial e do FMI, além de antigos textos oficiais de governo, já repudiados pelo Ministro Tarso Genro e sua equipe, que no passado propuseram alguma forma de ensino pago ou privatização do ensino superior. O que me preocupava sobremaneira era a omissão, nos debates àquele momento, do único documento oficial do MEC, divulgado havia quase dois meses, intitulado *Diretrizes do MEC para a reforma universitária*. Com base em análise desse documento (único oficial, àquela altura), concluí que o seu teor não podia de modo algum justificar a versão de que as propostas de mudança do ensino superior em discussão no Brasil, mas ainda sem Projeto de Lei específico, configurariam uma "Reforma universitária de Lula e do FMI", negociada e implementada de modo camuflado e sub-reptício. A parte mais polêmica da minha entrevista, creio, foi ter dito que esta versão da realidade configuraria uma "teoria conspiratória da reforma" fomentada por "setores interessados em barrar o processo da reforma".

Não como Reitor, mas sim como professor universitário e pesquisador, cioso e responsável por minhas opiniões, gostaria de apresentar um sincero pedido de desculpas a todos os que se sentiram ofendidos pelas declarações emitidas (as verdadeiras, não aquelas supostamente a mim atribuídas). Mas sinceramente não sei como é possível qualquer sujeito individual ou coletivo, em sã e boa consciência, sentir-se atingido moralmente por referências de natureza tão precisa e clara como as minhas posições públicas sobre a matéria, formuladas com base em análises de contexto e de documentos.

De todo modo, penso ser esta uma valiosa oportunidade para, com brevidade, aprofundarmos a análise da questão, com ajuda do trabalho de revisão de Fenster (1999), avaliando o que poderia ser uma teoria conspiratória da reforma universitária e suas possíveis repercussões.

A mais antiga exposição de uma concepção conspiratória da história origina-se de uma obra surgida em 1797, intitulada *Mémoire pour servir à l'histoire du Jacobinisme*, do abade Augustine Barruel. Segundo esse representante do clero, defensor do antigo regime, a Revolução Francesa de 1789 fora resultado de uma longa e duradoura conspiração rosacruz e franco-maçônica que tinha raízes ainda no tempo das Cruzadas.

A moderna "teoria da conspiração" surgiu no início do Século XX, forjada em 1903 pelo monge ortodoxo russo Sergei Nilus, através do panfleto *Os protocolos dos sábios de Sião*. Nesse texto, denunciava-se a ação clandestina de um suposto complô, organizado pelo povo judeu, para dominar a política e a economia mundial.

O fascismo e o nazismo reforçaram muitos elementos dessa "teoria" (entre aspas porque tecnicamente não se trata de uma teoria senso-estrito) para justificar suas políticas de limpeza étnica. No contexto da Guerra Fria, o macarthismo reviveu nos EUA a lógica da suspeita e indiciamento generalizado para operar sua caça às

Universidade Nova: Textos Críticos e Esperançosos

bruxas como defesa contra o que supunham uma conspiração comunista (FENSTER, 1999).

No mundo contemporâneo, tanto a extrema esquerda como a extrema direita continuam a fazer largo uso de teorias conspirativas (ameaças maquinadas pelo capitalismo, imperialismo, sionismo ou comunismo) para justificar políticas repressivas e autoritárias. A interpretação "conspiratória" do mundo e da história subsidia algumas táticas políticas básicas, que infelizmente temos visto em operação na universidade brasileira.

Primeiro, para angariar adesões, vieses de informações são usados como indícios da conspiração – a "teoria" recolhe todos os traços de suspeita e oculta todas as evidências em contrário.

Segundo, identificação (ou criação) de inimigos altamente secretos (Cabala, CIA, Maçonaria, FMI) ou altamente visíveis (no caso: Lula, Palocci, Tarso Genro, o Reitor).

Terceiro, fixação de bastiões de resistência heróica contra a suposta ofensiva hegemônica (*"no pasarán!* vamos <u>barrar</u> aqui o avanço '<u>deles</u>'").

Por último, chantagens e golpes de força, raramente usando a lógica da negociação, resvalam no totalitarismo nas ações políticas.

Enfim, a atuação resultante dessa "teoria" estrutura-se a partir da negatividade plena, posicionando-se quase sempre como "do contra": contra processos, contra propostas, contra iniciativas, contra reformas.

Vejamos uma síntese do que poderia ser uma "teoria conspiratória da reforma universitária". O destino do país, do governo brasileiro, da universidade pública e de todos nós já estaria decidido nos gabinetes do FMI e do Banco Mundial ou pelos governos do G-5. Acordos secretos teriam sido celebrados e, em troca de ajustes macro-econômicos, concordou-se com o sacrifício das políticas sociais, incluindo nisso a privatização da universidade pública brasileira. Não haveria no momento projeto de lei de Reforma Universitária do MEC na pauta do Congresso Nacional simplesmente porque a reforma do ensino já vem sendo engendrada, desde há muito tempo, sem conhecimento nem da população nem dos professores, servidores e estudantes. Dando continuidade ao "projeto neoliberal de Paulo Renato e FHC", a "reforma universitária de Lula e do FMI" estaria chegando de modo fatiado, disfarçada através dos Projetos de Lei da Parceria Público-Privado, de Inovação Tecnológica, do ProUni e de Ação Afirmativa, em pauta do Congresso Nacional.

Como fundamento de prova da suposta conspiração, arrolam-se antigos documentos oficiais (ou não) e projetos legislativos dentre os milhares propostos pelos parlamentares. Dentre esses, o mais citado é a PEC 217, que realmente propunha um tipo de imposto retroativo da educação, mas que nunca entrou na pauta congressual.

Apresento agora uma posição pessoal sobre o assunto:

Primeiro, essa "teoria conspiratória" da reforma universitária repousa sob uma concepção simplista, maniqueísta e maquiavélica da sociedade e do Estado moderno. Segundo, qualquer projeto consistente e sensato de transformação social e reforma institucional passa pela constatação de que o Estado nos países democráticos não é de modo algum um bloco monolítico. Terceiro, visando identificar núcleos e setores mais progressistas que, portanto, podem ser aliados nos projetos de transformação que queremos, precisamos considerar a complexidade das estruturas e forças sociais e políticas que compõem o governo e conformam o Estado.

Objetivamente, as diretrizes publicadas pelo MEC em 2004 não justificavam qualquer versão conspirativa da reforma

Universidade Nova: Textos Críticos e Esperançosos

universitária. Pelo contrário, enfatizavam a autonomia, a gratuidade e a inclusão social, além de propor mudanças importantes na estrutura de ensino. Declarei à imprensa (e reafirmo esta opinião) que não acreditava que o então Ministro Tarso Genro e sua equipe seriam desonestos (e conspiratórios) a ponto de enganar todos e todas com documentos oficiais que, com clareza, explicitam e valorizam o caráter público da universidade para, num futuro incerto, pretender privatizá-la.

Há mais pontos positivos que negativos no documento das Diretrizes do MEC. De melhor, em minha opinião, é a ênfase na autonomia institucional e financeira e no papel social das universidades, valorizando o conceito de extensão. Também concordo muito com o questionamento da atual arquitetura acadêmica e respectiva estrutura de gestão. O documento indicava com precisão a necessidade de avançar na reestruturação dos modelos de formação e substituir o velho sistema departamental por estruturas mais modernas de gestão.

Gostei muito também da ênfase na avaliação e monitoramento do sistema, com planejamento estratégico e orçamentário com base em metas, fiscalizado por um Conselho Consultivo de Planejamento e Gestão composto por gestores, docentes, servidores e alunos e com a participação representativa da sociedade civil. Além disso, o sistema de financiamento proposto é atraente e consistente.

O escamoteamento do documento Diretrizes do MEC do processo de debate é um bom exemplo de viés de informação. Ao contrário do que crêem muitos estudantes que o desconhecem, o MEC atualmente não postula a implantação do ensino pago. O documento Diretrizes é claro e explícito: "Garantia de manutenção da gratuidade em estabelecimentos oficiais de ensino superior." Até

Naomar de Almeida Filho

acolhe a sugestão da ANDIFES de subvinculação de 75% dos 18% de tributos obrigatórios da União a serem aplicados no sistema das universidades federais, sendo 70% para manutenção básica e 5% para investimentos e programas de expansão, principalmente cursos noturnos, exclusivamente do orçamento federal.

Enfim, sou totalmente a favor de uma Reforma Universitária urgente. Espero que uma Reforma Universitária radical e verdadeira promova ou propicie mudanças substantivas nas universidades, principalmente na estrutura de gestão e nos modelos de ensino. O Brasil não pode mais uma vez perder o bonde da história. E quanto ao movimento estudantil, continuo acreditando que ele saberá mover-se na hora certa e na direção do futuro, discutindo, debatendo e colaborando para construir um projeto conseqüente de reforma do ensino superior em nosso país. Aposto muito na vontade dos jovens de mudar o mundo em geral e o mundo da Universidade.

FORÇAS VIVAS DA UNIVERSIDADE*

Texto 18

Alguns membros da comunidade universitária têm defendido um ponto de vista sobre a situação atual da Universidade Federal da Bahia que, por suas implicações, merece nossa apreciação crítica.

Primeiro, lamentam os danos à imagem da UFBA resultantes da ação de alguns estudantes que, inconformados com deliberações de conselhos superiores da UFBA, em vez de usar o direito de recurso pelas vias institucionais cabíveis, de pronto desencadearam reações em cadeia que terminaram por prolongar desnecessariamente a greve estudantil.

Realmente, apesar da reconhecida qualidade da maioria dos seus cursos e da recente abertura da universidade à sociedade, com interiorização do vestibular e programas de ações afirmativas, cada vez menos estudantes nela querem entrar ou permanecer devido a sucessivos atrasos no calendário. Neste ano, observou-se o menor contingente de candidatos dos últimos tempos, sendo que um quarto dos que ganharam isenção de taxa desistiu da inscrição.

---

* Artigo publicado em *A Tarde*, Salvador, 13 nov. 2004, p.2.

Universidade Nova: Textos Críticos e Esperançosos

Segundo, para os defensores dessa perspectiva, tais episódios teriam ocorrido por leniência da autoridade acadêmica, supostamente refém de sistemas democráticos de escolha de dirigentes.

Discordo frontalmente. A Constituição de 1988 determina que todo órgão público seja regido por princípios democráticos. Isto é mais ainda justificado no tocante a instituições de formação superior. A principal função do dirigente consiste em implementar deliberações de instâncias colegiadas, respeitando a autonomia intelectual de docentes, pesquisadores e criadores, cultivando todas as formas de diálogo e negociação. Por isso, o gestor universitário hoje representa autoridade, mas não autocracia.

Terceiro, crêem que a universidade pública brasileira, e a UFBA em particular, passa por grave crise, expressa principalmente pelo enfraquecimento de valores acadêmicos clássicos.

Podemos concordar que primazia do mérito e hierarquias alicerçadas no saber, na ciência, na arte e na cultura constituem valores do espírito universitário em todo o mundo, independentemente de sociedade, regime e época. Mas discordamos que a universidade sofra de crise pela decadência de valores intelectuais históricos que teria esgarçado seu tecido institucional. Pelo contrário, a universidade brasileira passa por profunda crise de transformação, com "dores de crescimento" resultantes de processos de mudança institucional.

Neste momento, círculos se fecham, extremos se aproximam. Constata-se insuspeita convergência entre esquerdismo universitário e perspectivas elitistas. Tanto nostálgicos da torre de marfim quanto aprendizes da intolerância parecem desconhecer a atual complexidade da instituição acadêmica ou a necessária inserção da universidade na sociedade contemporânea.

Uns negam a sociedade política e crêem que bastam hierarquia e disciplina para garantir formação universitária e produção de cultura e ciência. Outros ignoram a história e acham que mundo, sociedade e cultura podem ser entendidos de modo maniqueísta e transformados a golpes de força.

Por antinomia apenas aparente, chegam à mesma conclusão: é preciso barrar as mudanças que se descortinam (e muito incomodam). Enquanto alguns parecem querer destroçar o patrimônio social que, no discurso, todos alegam defender, desvaloriza-se a universidade pública e cada vez mais se fortalece o setor privado de ensino superior.

Felizmente a UFBA reage. Servidores coligam-se em defesa da instituição. Docentes despertam de longa letargia e começam a organizar formas novas de participação e construção política. Parte do movimento estudantil luta contra seus fantasmas e reavalia suas práticas. Setores excluídos da sociedade vêm demandar seu lugar na instituição renovada e reafirmam o potencial emancipatório da educação. Enfim, forças vivas da construção institucional começam a reparar desmandos por inação e pela falta de responsabilidade política.

A universidade elitista, alienada do povo e do mundo, fragmentada em departamentos e disciplinas, dirigida de modo patriarcal, dominada pela autocracia vitalícia das cátedras, pertence ao passado. Como tal, deve ser apenas relembrada e não mais convocada. A universidade populista, isolada das redes artísticas, culturais e científicas do mundo civilizado, desmembrada em segmentos e indisciplinas, dirigida de modo corporativo, dominada pela demagogia de mobilizações episódicas, não tem futuro. Como tal, sequer se constitui em modelo de utopia acadêmica.

Universidade Nova: Textos Críticos e Esperançosos

Neste milênio, uma nova governança baseada em conceitos renovados de democracia e em formas atualizadas de organização, com estruturas matriciais leves e flexíveis, vem substituir antigos e ultrapassados modelos de gestão acadêmica. Redes e teias, inter e transdisciplinares, vêm superar velhos tecidos, rígidos, pesados e impermeáveis. O que parece lassidão ou esgarçamento institucional, de fato implica maleabilidade, permeabilidade e porosidade, propriedades de sistemas dinâmicos, abertos a mudanças e a maior intensidade de trocas com seu meio.

Não seria este justamente o eixo da nova instituição de conhecimento que, tudo indica, em breve merecerá o nome de universidade?

UNIVERSIDADE PÚBLICA, COMPROMISSO SOCIAL*

Texto 19

Queridos alunos e alunas,

Sejam bem-vindos à UFBA neste ano letivo de 2005. Em nome da Reitoria e dos órgãos da administração da universidade, dos professores, pesquisadores, funcionários técnicos e administrativos, tenho a alegria de saudar a todos os estudantes da nossa querida UFBA, em especial aos novos alunos.

Neste ano, estamos fazendo um grande esforço para preparar a instituição para bem receber todos vocês, nossa razão de existir. Apesar da crônica carência de recursos para custeio e investimentos, fizemos um mutirão e limpamos com capricho os *campi* universitários. Além disso, vamos promover uma Recepção Calourosa com caráter mais acadêmico, estamos modernizando o sistema de matrícula e, neste semestre, revisitaremos todas as unidades para melhor conhecer suas necessidades e demandas.

---

* Saudação aos alunos da UFBA em 2005, publicada no UFBA em Pauta Especial, março de 2005.

Universidade Nova: Textos Críticos e Esperançosos

Vocês estão chegando ou retornando ao seio de uma instituição milenar: a universidade. Vocês já pararam para pensar sobre o que é de fato uma universidade? Que atributos a distinguem de outras organizações dedicadas à educação superior? Que qualidades fazem com que ela seja muito mais que a soma de faculdades ou escolas isoladas?

Primeiro, a universidade compreende toda a riqueza e diversidade da cultura, da ciência e da arte. Por isso, não faz sentido se falar em universidades de disciplinas, de especialidades ou de profissões.

Segundo, além de acolher, a universidade busca integrar e articular todos os saberes, cultivando uma identidade maior do que as identidades disciplinares ou profissionais das faculdades e escolas que a compõem. Ao entrar aqui, mais do que acadêmicos de Engenharia, Música, Medicina, Secretariado, Direito ou de outros dos 61 cursos de graduação e 62 de pós-graduação, vocês serão orgulhosos membros do corpo discente da Universidade Federal da Bahia. Esta será a principal identidade com que a sociedade os reconhecerá, durante o curso e depois na vida profissional de todos vocês.

Terceiro, a universidade se define como uma instituição de formação e não de mero treinamento. Assim, não esperem aqui encontrar apenas formas eficientes de instrução, mas descubram e explorem ao máximo tudo o que lhes será ofertado como oportunidade de crescimento político, intelectual e cultural. Concertos sinfônicos e recitais, seminários e colóquios, peças teatrais e atos performáticos, reuniões e debates, e até mesmo greves e manifestações, fazem parte deste processo de formação social e pessoal.

Naomar de Almeida Filho

Estamos engajados em uma dura luta para renovar a nossa UFBA, empenhados em construí-la como uma universidade moderna e competente, justa e igualitária, socialmente comprometida, democrática e, sobretudo, transparente para toda a sociedade. Trata-se de enorme desafio a superar.

No plano interno, enfrentamos dois grandes obstáculos: o elitismo acadêmico e o esquerdismo universitário. Ambos parecem ignorar a complexidade da instituição universitária e sua necessária inserção na sociedade contemporânea. Alguns creem que bastam organização e gestão para promover a formação universitária e a produção de cultura e ciência. Outros ignoram a história e acham que mundo, sociedade e cultura podem ser entendidos de modo simplista. Parecem querer destruir o patrimônio social da universidade pública que, no discurso, todos alegam defender.

Tivemos um ano passado muito difícil, não precisamos negar nem esconder. Foi o ano da greve estudantil, inicialmente contra a reforma universitária, mas que depois se concentrou em uma pauta local. Esta pauta já estava aprovada pelos nossos conselhos, em grande medida havia sido atendida e, por isso, não justificaria a paralisação de segmentos estudantis.

Durante o movimento, sérios danos à imagem social da universidade resultaram da ação de alguns estudantes que, inconformados com decisões democráticas de conselhos superiores da UFBA, em vez de usar o direito de recurso pelas vias institucionais cabíveis, produziram reações em cadeia, incluindo invasão e ocupação da Reitoria. Tais eventos terminaram por prolongar desnecessariamente a greve, sobretudo prejudicando os estudantes, em especial os formandos, jovens e adultos que batalham para concluir sua formação profissional no tempo mais curto possível.

Universidade Nova: Textos Críticos e Esperançosos

Mas o ano passado foi também o ano das Ações Afirmativas, do Plano de Desenvolvimento Institucional e da ampliação de vagas, quando a UFBA mostrou-se decidida no cumprimento do seu compromisso social. Implantamos com sucesso o primeiro vestibular de cotas para alunos de escolas públicas, afro-brasileiros e indiodescendentes. Aprovamos o PDI, definindo metas e diretrizes de expansão para os próximos dez anos.

Em ambos os pontos, a UFBA saiu na frente, pois o projeto de lei de reforma do ensino superior do MEC prevê autonomia financeira condicionada à aprovação de um PDI e um sistema de inclusão social que reproduz o essencial do que implantamos em nossa universidade.

Em 2004, pela primeira vez, superamos a marca de quatro mil vagas no vestibular e ultrapassamos os vinte mil alunos na graduação. Além disso, interiorizamos o vestibular, marcando a presença da UFBA nos principais pólos regionais do interior do Estado.

Gostaria de dirigir-me aos novos alunos, os calouros da nossa UFBA, sobre um assunto que nos preocupa em particular. Refiro-me ao trote, sobre o qual enfatizarei três pontos. Primeiro, o trote na instituição universitária é uma manifestação grosseira, primitiva, ultrapassada e perigosa, a ser vigorosamente reprimida. Segundo, o trote violento ainda resiste por causa da iniqüidade social presente em certos segmentos da universidade. A essência do trote, na sua caricatura atual, é a humilhação de postulantes a ingresso em uma suposta e autodesignada casta intelectual. Terceiro, na UFBA, encontra-se em vigor uma Resolução do Conselho Universitário que proíbe trote nos espaços da universidade e estabelece punições severas a alunos que o promoverem.

No ano passado, registramos apenas dois episódios em que alunos "veteranos" agrediram calouros ou danificaram patrimônio público da Universidade Federal da Bahia. Dois processos disciplinares foram abertos, um deles resultou na punição do responsável e o outro processo encontra-se em fase de conclusão. Temos a certeza de que este ano não precisaremos acionar esquemas de contenção de trotes nem abrir processos e dar punições a jovens promissores e inteligentes.

Felizmente, este novo ano letivo começa bem. Conseguimos finalmente regularizar o calendário acadêmico, começando o semestre letivo na data regulamentar, após nove anos seguidos de férias canceladas e atrasos sucessivos. Este também será, esperamos, o ano da reforma universitária, quando o Congresso Nacional apreciará um projeto de lei que poderá ser favorável ao setor público, revertendo a tendência histórica recente de privatização desenfreada do ensino superior. Por isso, precisamos debater em profundidade todos os pontos do projeto, produzindo críticas construtivas e sugestões viáveis, além de acompanhar o processo legislativo da sua aprovação.

2005 é também o ano em que a UFBA finalmente apreciará seu Plano Diretor, depois de sete tentativas desde a década de 1960. Estudos preliminares já se encontram prontos para entrar em discussão em todas as instâncias deliberativas das unidades e órgãos, para posterior apreciação pelos conselhos superiores da UFBA.

Temos a certeza de que, com a participação de todos vocês, juntamente com os servidores técnicos e administrativos e o corpo docente, concluiremos com sucesso estes passos para projetar nossa universidade ao futuro promissor que ela merece.

Universidade Nova: Textos Críticos e Esperançosos

Afirmei recentemente, e repito agora, que a universidade elitista, alienada do povo e do mundo, fragmentada em departamentos e disciplinas, dirigida de modo patriarcal, dominada pela autocracia vitalícia das cátedras, pertence ao passado.

Disse também que a universidade populista, isolada das redes artísticas, culturais e científicas do mundo civilizado, desmembrada em segmentos e indisciplinas, dirigida de modo corporativo, não tem futuro. Dessa forma, nem pode ser tomada como modelo de utopia acadêmica. E nós não podemos prescindir de utopias capazes de alimentar nossa esperança de progresso social.

É disso que precisamos para continuar perseguindo nosso lema – UFBA: universidade pública, compromisso social – para continuarmos construindo uma instituição academicamente competente e politicamente responsável, engajada na luta por uma sociedade democrática, sustentável, mais justa e cada vez menos desigual.

DUPLO CORPORATIVISMO (SEM PRECONCEITO)*

Texto 20

Neste dia, dedicado aos servidores públicos do Brasil, gostaria de compartilhar com os trabalhadores da Universidade Federal da Bahia algumas reflexões sobre a natureza dos nossos laços e compromissos com a nossa instituição.

Todos nós, funcionários técnicos e administrativos e docentes da universidade, somos servidores públicos. Por definição, ser servidor público significa ser um trabalhador cuja missão consiste essencialmente em servir ao povo. A grande maioria de nós tem essa inserção profissional como opção de vida e, portanto, somos o que somos por vocação e por escolha.

A condição de servidores públicos nos traz imensa responsabilidade: a de sermos realmente capazes de (e capacitados a) atuar com a maior competência possível, prestando o melhor serviço àqueles que constituem nossa razão de ser. Afinal, é principalmente o povo trabalhador que, em última instância, com sacrifícios e sem sonegação, paga os nossos salários.

---

* Mensagem aos trabalhadores e trabalhadoras da UFBA no Dia do Servidor Público, outubro de 2005.

Universidade Nova: Textos Críticos e Esperançosos

Ademais, somos trabalhadores em uma instituição pública que tem como função formar cidadãos e produzir conhecimento, arte e cultura, com toda a competência possível e, sobretudo, compromisso social. Isto qualifica nossa atividade profissional com uma tripla nobreza que se desdobra em tripla responsabilidade:

Primeiro, não somente os docentes são educadores. Todos os servidores da universidade, do auxiliar administrativo ao gestor mais graduado, do porteiro ao pesquisador, contribuem para o caráter pedagógico da instituição e, portanto, devem ter consciência do seu papel na função de formação.

Segundo, como trabalhadores de uma universidade, temos compromisso com a pesquisa, a inovação e a criatividade. Devemos sempre buscar formas novas, eficientes e criativas para desempenhar nossas tarefas.

Terceiro, temos uma importante missão social a cumprir, no sentido de difundir e compartilhar nosso potencial de transformação da natureza e da vida com a sociedade que nos sustenta e nos engloba.

Entretanto, para sermos ainda mais meritórios e dignos no que fazemos como servidores públicos, precisamos ter consciência do valor da nossa instituição. Em conseqüência, devemos pensar primordialmente nos interesses da instituição pública (que, insisto, existe para servir ao povo).

Isso implica, em certa medida, um duplo corporativismo. Por um lado, a concepção ampla de corporação evoca o sentido de organização social voltada para objetivos e interesses comuns. Por outro lado, a universidade pública também é uma corporação, também é uma conquista histórica da sociedade e, se a preservarmos em suas capacidades e competências, poderá constituir-se em poderoso instrumento de transformação social.

Por isso, como gestores públicos, não podemos ter preconceitos em relação ao chamado corporativismo. Afinal, os sindicatos e corporações profissionais são instrumentos de defesa da classe trabalhadora, conquista histórica dos movimentos sociais.

Para isso, para cumprir plenamente sua função acadêmica e social, a universidade precisa da adesão sincera dos seus trabalhadores, membros natos da corporação universitária. Em palavras simples, precisamos que todos vistam a camisa da universidade, instituição pública de ensino superior que cumpre o seu papel histórico de vetor de inclusão social, imprescindível ao desenvolvimento econômico, social e cultural da nossa nação.

Parabéns a todos nós, servidores públicos da UFBA.

Saudações universitárias!

A UNIVERSIDADE E AS ESQUERDAS*

Texto 21

O panorama atual da política brasileira revela sérios impasses e contradições da esquerda no poder. Em tese, todos os que se consideram representantes do pensamento de esquerda defendem uma transformação profunda na sociedade brasileira buscando torná-la mais justa e equânime, pela via democrática. À primeira vista, somente quanto ao método para se alcançar a tão desejada mudança haveria discordâncias radicais, expressas em um confronto entre "realistas" e "principistas".

Permitam-me chamar de "principismo" a posição que, acima de tudo, toma os *princípios* ou dogmas do socialismo como fundamento exclusivo de todos os processos políticos. A transformação da sociedade, nesta concepção, faria sentido pleno somente se resultasse da ação popular revolucionária (convergindo para a luta armada, nas versões mais "clássicas"), excluindo, isolando ou destruindo os chamados grupos sociais dominantes.

---

* Texto inédito, escrito em abril de 2003. Revisado em janeiro de 2006, à luz da crise ética do PT no poder.

Universidade Nova: Textos Críticos e Esperançosos

Por seu turno, realistas argumentam que, além de uma sociedade a transformar, a esquerda tem sob sua responsabilidade um país a governar. Ademais, mudanças viáveis e sustentadas terão que ser realizadas necessariamente pela via parlamentar, mediante processos de negociação, dentro das mesmas regras e instituições democráticas que a levaram ao poder em diferentes níveis de governo e que garantem o seu exercício legítimo.

Realistas se apresentam como alternativa viável para a transformação social, enquanto principistas se consideram como reserva ética do socialismo, defensores de um purismo político idealizado. Na paixão do debate, realistas são chamados de traidores da causa popular, enquanto principistas chegam a ser acusados de irresponsáveis políticos. Criticar a esquerda realista por ser pragmática e a esquerda principista por ser utópica não faz justiça nem ao projeto político de longo alcance da primeira nem ao intenso grau de pragmatismo instrumental da segunda. Uma abordagem simplista da questão remeteria às raízes arcaicas do confronto entre socialismo e revisionismo, esquerda revolucionária e esquerda democrática, stalinismo e gramscismo. Não obstante, proponho que, mesmo valorizando a remissão histórica, muito podemos aprender com a análise crítica de contextos atuais particulares.

Como será que ocorre, no contexto da Universidade Federal da Bahia, o conflito entre realismo e principismo?

Por um lado, referências e críticas aos governos, reiteradas no âmbito do Conselho Universitário e em outros foros deliberativos, demonstram que alguns representantes de docentes, servidores e alunos defendem uma clara postura principista. Por outro lado, iniciativas da administração central, apoiadas por lideranças

Naomar de Almeida Filho

acadêmicas majoritárias e grupos organizados e representativos da comunidade universitária revelam certo grau de adesão à postura realista e pragmática da esquerda no poder.

Entretanto, no que pese sua importância como tema de pesquisa sociológica ou sua utilidade para mapear grupos políticos que atuam na instituição, constatar o reflexo da questão política nacional na academia interessa-nos menos do que o movimento oposto. Avaliar a contradição realismo versus principismo, tal como se manifesta no debate interno à própria instituição universitária, pode gerar subsídios para uma melhor compreensão deste embate ideológico no plano político mais amplo.

Vejamos alguns elementos de disjunção que, no microcosmo da universidade, ressaltam as diferenças centrais de enfoque e de prática entre realismo e principismo.

Em primeiro lugar, principistas pelejam por transformação radical e abrupta da instituição. Enquanto esperam alguma forma de revolução social, preferem retrocessos ou inércia frente a reformas graduais de qualquer natureza. A tática trivialmente usada neste sentido consiste em sempre pedir mais discussão sobre todos os assuntos, de preferência retornando às bases e repassando o debate obsessivamente em todas as instâncias e níveis da organização.

Isto tem ocorrido recentemente nos conselhos superiores da UFBA, submetidos a repetidas séries de exaustivas reuniões extraordinárias para deliberar sobre assuntos diversos, desde problemas jurídicos como apuração de denúncias de irregularidades, até questões administrativas como aplicações de emendas orçamentárias ou propostas de mudanças estruturais na administração central. Alegando promover a democracia,

Parte III – Política Universitária

Universidade Nova: Textos Críticos e Esperançosos

principistas rejeitam qualquer proposta de otimização do tempo de dirigentes e representantes, quase todos funcionários públicos com salários pagos pelo erário federal. Assim, longos e redundantes discursos produzem eficientes, porém enervantes obstruções e transformam cada reunião em demorados comícios.

Não posso conter certa ironia. Até parece que as democracias modernas foram inspiradas pelo exemplo de Georges-Jacques Danton, eminente figura histórica que perdeu a voz, ao discursar por vários dias perante a Assembléia Geral durante a revolução burguesa da França em 1789, na tentativa de não perder a cabeça na guilhotina.

Em segundo lugar, e em conseqüência do anterior, principistas acreditam que a transformação institucional deve acontecer pela exclusão e mesmo erradicação daqueles que, acreditam eles, representam pensamento reacionário e práticas conservadoras. Neste cálculo, a questão de quem tem as prerrogativas de definir o que é conservadorismo e de apontar conservadores dispensaria discussão, posto que qualquer vanguarda revolucionária com facilidade se apresenta como encarregada deste importante detalhe.

Ao propor abertura de diálogo com os grupos de pensamento, interesse e ação que fazem a diversidade da universidade, realistas defendem que a mudança da instituição somente será viável se realizada com a inclusão de todos os atores, mediante ampla e respeitosa negociação. A reforma do arcabouço normativo da universidade, cada vez mais necessária, constitui excelente oportunidade para observar este elemento do confronto entre esquerda principista e esquerda realista no âmbito institucional.

Em terceiro lugar, podemos abordar a questão do purismo político dos principistas. Sem propor qualquer extrapolação para o cenário nacional, e apenas com base na situação particular da nossa universidade, ouso pensar que se trata de um mito. As crises recentes da UFBA demonstram que a esquerda principista (pelo menos na esfera local) é capaz de alianças surpreendentes e assustadoras.

Tomemos episódios recentes como exemplo. Por um lado, "novos turcos" da esquerda, particularmente lideranças estudantis mais jovens e em franco processo de aprendizado político, alinham-se a representantes de empresas prestadoras de serviços, claramente voltados para a defesa de seus interesses privados. Por outro lado, observo uma parceria orgânica entre atores reacionários e "militantes atrasados".

Chamo de "militantes atrasados" (ou pós-omissos) aqueles e aquelas que "se descobriram" para a causa socialista um pouco tardiamente na vida. Não posso deixar de considerar que, após certa data histórica, tornou-se fácil, seguro e até *charmant* assumir posições de contestação radical, situação bastante diferente de quando esses e essas se omitiam nos anos difíceis de resistência e luta contra a repressão da ditadura militar. Não é difícil compreender vieses e equívocos em militantes jovens e inexperientes; porém a truculência de reacionários e a pusilanimidade de omissos históricos é impossível de ser confundida com entusiasmo e idealismo apaixonado.

Enfim, além do surgimento de novos perfis de militância, a questão ética das alianças e dos procedimentos políticos (que infelizmente dominou a cena brasileira em 2005) parece indicar que, não importa o nível de atuação (institucional, local ou nacional), principistas não necessariamente têm princípios e realistas podem ultrapassar limites e perder o senso de realidade.

Universidade Nova: Textos Críticos e Esperançosos

Por último, e certamente mais importante, o embate realistas *versus* principistas remete ao tema fundamental do sentido da democracia na esfera institucional. Afinal, o que deve prevalecer na definição do caráter democrático de políticas, programas e ações em uma organização pública: Eventos ou processos? Democratismo ou democracia? Em outras palavras, qual deve ser o balanço entre processos democráticos eventuais (eleições, *referenda*, assembléias etc.) *vis-à-vis* estruturas democráticas permanentes (representações, parlamentos, conselhos etc.)? Justifica-se privilegiar episódios em detrimento de processos e estruturas?

Na UFBA, em diversas oportunidades recentes, diretamente através de forças políticas auto-representadas e indiretamente por meio de representação sindical, principistas têm contestado a autoridade institucional, democraticamente escolhida pela comunidade universitária. Além disso, têm desafiado a legitimidade de instâncias colegiadas da instituição, não obstante o grau de legitimidade e representatividade da sua composição e a inegável democratização dos seus processos deliberativos.

Tal constatação revela um paradoxo e desabafa uma série de questões incômodas. Será o principismo realmente democrático? Será que a excessiva insistência dos principistas em usar o princípio da democracia para denunciar e desafiar estruturas e processos democráticos de gestão não esconderia justamente o oposto?

Um paradoxo a considerar: Para os principistas, a democracia pode não se constituir em princípio fundamental e sim, efetivamente, serve mais como bandeira instrumental dessa versão do socialismo. Mais uma vez, aplica-se a crítica weberiana clássica de que os fins não justificam os meios. Em suma, no que se refere a valores democráticos, o principismo talvez sequer mereça seu próprio nome.

No contexto local, a natureza totalitária do principismo se desnuda com mais facilidade. De fato, a constatação mais importante, e provavelmente mais generalizável, desta análise de uma atuação local de principistas é o seu caráter pseudo-democrático. Será que se trata de sintoma localizado de uma expressão política geral, a custo reprimida no discurso e na prática atual desse movimento político?

Esta linha de argumentação sustenta que importantes elementos de compreensão da conjuntura política nacional podem ser encontrados na análise de contextos particulares. Busquei ilustrar esta abordagem com o caso da nossa universidade, onde o embate realismo versus principismo tem deixado marcas profundas. O revolucionarismo paralisante e restritivo, com a exclusão de amplos setores dos processos de mudança social, claramente identificado na expressão local do principismo, parece ser compartilhado pelas versões desse movimento no cenário nacional.

O mito do purismo político do principismo pode ser exposto pela identificação de alianças entre neomilitantes e reacionários históricos, entre interesses privados e tropas de choque da esquerda, no que se refere aos conflitos geradores de crises no ambiente universitário. Entretanto, o problema ético levantado por esta observação parece limitado a este contexto particular, posto que não há elementos lógicos nem históricos que justifiquem alianças dessa natureza no plano político nacional.

Se considerarmos válidos tais argumentos, a hipótese de convergência de objetivos entre realismo e principismo, que se distinguiriam tão somente em relação aos meios para se construir a sociedade socialista, precisa ser reavaliada. E, se assim for, o principismo precisa se repensar, com a mesma dureza crítica que tem dedicado aos outros setores da esquerda, a fim de merecer ser considerado parte das forças políticas comprometidas com um projeto democrático, amplo e inclusivo de reconstrução do país.

Parte IV
Reforma Universitária

UM PARADIGMA RENOVADO DE UNIVERSIDADE: COMENTÁRIOS CRÍTICOS E ESPERANÇOSOS*

Texto 22

Vivemos em um mundo cada vez mais interconectado. Esta conectividade massiva e ampliada constitui parte e efeito da globalização econômica, nome de moda cunhado para a franca internacionalização da produção, distribuição e consumo que marcou o século XX.

A globalização ocorre em paralelo a poderosos processos macroeconômicos: avanços em tecnologia de informação, transnacionalização de empresas, migração da força de trabalho, entre outros. Ao mesmo tempo, e talvez paradoxalmente, a globalização vincula-se a severas reduções no bem-estar social de populações humanas. Aumento em desigualdades entre países e grupos sociais, desemprego estrutural, crescimento de movimentos nacionalistas e fundamentalistas, intensificação de conflitos étnicos, não-

---

* Palestra no Simpósio *Global reach, local impact: The public research university in the 21st century* da Universidade McGill, em Montreal, 10 de março de 2003.

observância de direitos humanos, agressões ambientais, deterioração do espaço urbano e escalamento da violência, tudo isso tem sido imputado à globalização.

A globalização também produz conflitos de valores culturais e ideológicos, especialmente nestes tempos da internet e da televisão por satélite. A antinomia local *versus* global emergiu de um crescimento rápido do comércio de informação, em todos os níveis, da indústria cultural e de entretenimento ao mercado científico e tecnológico de marcas e patentes.

No plano da arte & cultura, observa-se um vasto processo de padronização internacional, submetendo comportamentos e bens culturais locais a valores estéticos estrangeiros. No plano da ciência & tecnologia, redes de centros de pesquisa, universidades, empresas e governos têm sido instrumentais em estabelecer padrões globais de internacionalismo acadêmico. Tais padrões são dependentes de fontes centrais de legitimação cultural, científica e tecnológica localizadas nos países ditos desenvolvidos.

Meu argumento neste breve ensaio é que, em tal cenário, precisamos construir um tipo diferente e renovado de instituição acadêmica, capaz de atuar como instrumento de integração social e política entre países, culturas e povos, em contraposição aos efeitos perversos da globalização. Em primeiro lugar, pretendo identificar como fundamento para tal perspectiva alguns paradigmas de ensino superior que historicamente forjaram a universidade como uma instituição política e social fundadora da cultura Ocidental. Em segundo lugar, apresento *grosso modo* a estrutura do sistema universitário de Brasil, como uma ilustração para meus argumentos, visando pô-los em contexto. Concluo com a esperança de que a internacionalização do ensino superior pode ser um caminho para o desenvolvimento social com justiça e bem-estar em vez de

Naomar de Almeida Filho

instrumento político e ideológico utilizado para abrir novos mercados econômicos.

Paradigmas da universidade como instituição

A instituição de ensino que, no Ocidente, chegou a ser nomeada como 'universidade' emergiu nos tempos medievais (SANTOS, 1995). As primeiras universidades foram fundadas na Itália e na França, no século XI. Essas universidades pioneiras eram abertamente escolásticas, absorvendo o papel social das instituições religiosas que haviam sido sua semente. As proto-universidades substituíram os monastérios como principal *locus* de produção de conhecimento para uma sociedade feudal em transição, já nos albores do Renascimento.

A *universidade escolástica* era geradora e guardiã da *doxa*, ou doutrina, aquela modalidade de conhecimento que se define pelo completo respeito às fontes sagradas da autoridade. Seu modelo acadêmico baseava-se na transmissão do saber (em filosofia, retórica, lógica e teologia) mediante relações diretas mestre-aprendiz.

A Europa pós-Renascimento testemunhou e nutriu a criação de outro paradigma universitário, a *universidade da arte-cultura*. Isto aconteceu assim que a universidade medieval revelou-se incapaz de absorver e processar a enorme diversidade artística e cultural da África e da Ásia trazida para a Europa depois das Grandes Descobertas.

Um novo paradigma acadêmico foi gerado para dotar a nova elite burguesa das habilidades literárias e artísticas características do Iluminismo. Dessa universidade enciclopédica não se cobrava responsabilidade pela produção científica nem tampouco pela organização e sistematização do conhecimento humanístico, artístico ou tecnológico. História natural, filosofia, literatura, matemática,

Parte IV – Reforma Universitária

Universidade Nova: Textos Críticos e Esperançosos

direito e as artes de governo formavam o currículo central destas instituições.

O desenvolvimento tecnológico que se seguiu à Revolução Industrial exigiu um novo paradigma acadêmico que podemos chamar de *universidade científico-tecnológica*. De fato, a universidade de arte-cultura não era capaz de prover o substrato tecnológico, bem como as bases intelectuais em termos de treinamento profissional e administrativo imprescindível ao novo regime produtivo.

Emergindo no início do Século XIX, a universidade científico-tecnológica foi criada na Europa Ocidental e nos E.U.A. com o mandato específico de.produção de conhecimento científico e desenvolvimento tecnológico necessários para o modo de produção capitalista. Em ambos os contextos, este modelo de universidade foi mais tarde fortemente apoiado e controlado por programas estratégicos governamentais, através de agências financiadoras estabelecidas durante a Segunda Guerra Mundial. Uma análise rica e precisa desse modelo e de seu esgotamento foi realizada por Clark Kerr, Reitor da Universidade da Califórnia em Berkeley no momento crucial da contestação de 1968, no clássico *Os Usos da Universidade* (KERR, 2005).

A versão original da universidade científico-tecnológica (denominada de *research university* pelos norte-americanos) baseava-se na produção volumosa de recursos humanos e de resultados de pesquisa que eram submetidos a sistemas extremamente competitivos de controle de qualidade. Este modelo de universidade trata o conhecimento científico como um subproduto do processo de produção da informação.

Há uma tendência atual que parece evoluir talvez para um paradigma acadêmico novo; trata-se da *universidade corporativa*.

Principalmente dedicado a negócios, administração, engenharia, tecnologia e sistemas de informação, este modelo tem duas variantes: por um lado, pode resultar do crescimento de centros de ensino superior dentro de uma dada empresa e, por outro lado, pode implicar o desenvolvimento de uma instituição acadêmica como uma corporação. Em ambos os casos, a instituição universitária é organizada e funciona como um empreendimento comercial.

Hoje, o modelo de universidade científico-tecnológica é hegemônico no mundo industrializado (SANTOS, 2005) enquanto universidades escolásticas e escolas superiores de arte-cultura, retóricas e ritualizadas, ainda são dominantes em muitos países ditos em desenvolvimento. Com isso não quero dizer que as universidades européias e norte-americanas não são de modo algum humanísticas ou profissionais ou que instituições acadêmicas em países pobres são totalmente doutrinárias e pré-tecnológicas. Nem defendo que a universidade científico-tecnológica poderia ser por definição pública e que a universidade corporativa deveria ser proibida por ser lucrativa e eficiente (pelo menos em seus próprios termos). Como veremos no caso brasileiro analisado em seguida, tais estereótipos devem ser desafiados e criticados.

Realmente, em toda parte, a universidade tornou-se uma instituição social de altíssimo grau de complexidade, um tipo sofisticado e diversificado de organização social que exibe raízes, traços e funções de cada um dos modelos acima expostos.

O sistema de ensino superior do Brasil

No Brasil, depois da Lei de Diretrizes e Bases da Educação de 1996, somente organizações que oferecem programas de pós-

Universidade Nova: Textos Críticos e Esperançosos

graduação credenciados e desenvolvem atividades de pesquisa financiadas são classificadas como universidades. As universidades credenciadas são as únicas instituições que não precisam do reconhecimento pelo Conselho Nacional de Educação (CNE) para oferecer cursos universitários de graduação. Alguns cursos precisam de autorização por conselhos profissionais específicos, como por exemplo, Medicina e Psicologia.

Cursos de pós-graduação só podem operar depois da devida autorização pela CAPES. Além disso, fundos públicos de pesquisa estão disponíveis exclusivamente para programas ou investigadores bem classificados em tais sistemas de avaliação.

Podem ser identificadas duas tendências no sistema de ensino superior de Brasil hoje: privatização e internacionalização.

Por um lado, abre-se enorme número de vagas no setor privado de ensino superior, principalmente faculdades ou escolas superiores operadas por empreendimentos que visam ao lucro. Não obstante, as universidades públicas consistentemente alcançam as melhores posições em todos os sistemas de avaliação.

Por outro lado, como outros países em desenvolvimento, o Brasil está sendo invadido por publicidade massiva de MBAs e outros pseudo-graus de educação-instantânea oferecidos por instituições norte-americanas e européias, pela Internet ou mediante convênios com sócios locais (normalmente escolas particulares). Os sistemas de credenciamento e avaliação da CAPES, do CNPq e do CNE exercem o importante papel de barreiras protetoras para tal invasão. Por este motivo, há fortes pressões para incluir o ensino superior nos acordos comerciais multilaterais no âmbito da Organização Mundial do Comércio, em um processo descrito por Boaventura Santos como "a transnacionalização do mercado da educação superior" (SANTOS, 2005).

Naomar de Almeida Filho

A maré de privatização do ensino superior parece ter perdido sua força inicial, pelo menos na área de educação pós-graduada, principalmente devido ao bom desempenho das instituições públicas de pesquisa. Ainda assim, resistir ou ajustar-se à vertente corporativa do internacionalismo acadêmico poderá se tornar o principal dilema enfrentado pelo sistema universitário do Brasil no Século XXI.

Comentários críticos (e esperançosos)

Dado o vigamento histórico e conceitual exposto acima e a respectiva ilustração do caso do Brasil, gostaria de comentar alguns aspectos cruciais deste importante tópico.

Avancei acima a hipótese de que a universidade corporativa estaria pronta a se tornar o futuro paradigma do ensino superior depois do modelo da universidade científico-tecnológica. Esta hipótese emerge de minha experiência no cenário brasileiro atual e, é claro, pode ser uma mera impressão sensível individual.

A universidade corporativa poderia representar uma tendência que, de algum modo, aponta para um fracasso ou fraqueza (ou ainda, uma brecha a descoberto) do paradigma universitário atualmente hegemônico. Como tal, segue que nós teríamos que superar o velho modelo simplesmente porque este não mais responde às demandas sociais e históricas que o engendraram. Os modelos conhecidos – a universidade guardiã da doutrina, a universidade encarregada da educação das elites, a universidade a serviço da tecnologia e da produtividade – podem não se ajustar bem aos novos papéis impostos por uma sociedade cada vez mais rapidamente mutante.

Aceitando o desafio deste momento, proponho que a universidade renovada deve tornar real a noção habermasiana de "comunidades ideais de diálogo". Tal movimento só poderá ter êxito

Universidade Nova: Textos Críticos e Esperançosos

se for resultante do compartilhamento e do verdadeiro intercâmbio. E como é possível ter um intercâmbio verdadeiro? Por um lado, respeitando as diferenças e diversidades. Eqüidade não se alcança apagando diferenças, mas aceitando-as. Por outro lado, a verdadeira troca também significa abertura para aprender do outro. Na situação ideal da troca interpessoal justa e equilibrada, o fluxo de aprendizagem tem dois sentidos, é sempre mão-dupla, estruturado na vontade sincera de compartilhar dados, informação e conhecimento.

Como líderes dessas estranhas organizações históricas que nunca deixam de evoluir, e que não inocentemente foram chamadas de universidades pelo seu compromisso inato com a universalidade, estamos em uma posição privilegiada para conceber, propor, construir e criar uma instituição renovada para nossas sociedades. A universidade renovada terá que avançar além do desenvolvimento moral (como a universidade escolástica), do desenvolvimento cultural (como a universidade de arte-cultura), e do desenvolvimento econômico (como a universidade de pesquisa), para alcançar o verdadeiro desenvolvimento social sustentável. Isto implica construir uma universidade renovada de fato como uma instituição profundamente comprometida na produção crítica do conhecimento.

A constituição da universidade renovada deve ser buscada por meio de propostas realistas e ações concretas, enquanto reforça a rede de trocas acadêmicas em arte-cultura e ciência-tecnologia que já opera interculturalmente e transnacionalmente. Mais que tudo, isto implica fazer da universidade renovada uma instituição verdadeiramente pública, aberta ao controle e à participação política das comunidades às quais ela serve, firmemente comprometida com a paz, a eqüidade e a justiça social, aqui, acolá, e em todos os lugares do mundo.

E AGORA, JOSÉ DIRCEU?*

Texto 23

Há poucos dias, o Ministro José Dirceu anunciou que o governo federal pretende desencadear uma "revolução" no ensino superior do país. Deixou claro que medidas duras serão implantadas para resolver o crônico problema de financiamento das universidades públicas. Admitindo que não poderia ainda falar tudo o que pensa, o ministro adiantou que haverá mudanças profundas na relação da universidade com as empresas e fundos de investimento. Finalmente, deixou escapar que a universidade pública foi escolhida como próximo alvo de reformas porque o governo quer defendê-la do ensino privado. Em tom agressivo, utilizou uma expressão grosseira, "o pau vai comer", ao antecipar reações contra as mudanças propostas.

O recado foi dado. Traz à luz, ainda de modo oblíquo e nublado, diretrizes que certamente já foram repassadas aos membros da Comissão Interministerial que o Presidente Lula nomeou há quase dois meses, com a finalidade de propor um novo modelo de ensino superior para o país. Um detalhe, aliás, nada desprezível é que, nessa

---

* Artigo publicado em *A Tarde*, Salvador, out. 2003, p. 2.

Universidade Nova: Textos Críticos e Esperançosos

comissão, os ministérios da área econômica possuem ampla maioria. A justificativa para tais movimentos pode ser encontrada em um polêmico estudo divulgado pelos ministérios do Planejamento e da Fazenda, onde se imputa às universidades federais responsabilidade pelo fracasso das políticas públicas de redução de desigualdades no governo FHC. A solução, claramente explicitada no documento oficial, indica pagamento de anuidades ou ressarcimento de custos do ensino superior público.

Enquanto José bate, Cristóvam assopra. Diz o professor Buarque aos reitores e à imprensa que a tal Comissão discutirá tão somente propostas de superação da atual crise financeira que quase obriga as universidades federais a fechar. Acrescenta que o novo modelo de universidade surgirá "de baixo para cima", pela via do diálogo e da negociação, esperando a participação dos estudantes, professores e servidores. Enquanto dribla com maestria pressões para liberação de orçamento, o ministro convoca os reitores a se engajarem nos ambiciosos programas sociais do MEC, declarando-se totalmente favorável a cotas sociais e raciais como estratégias de inclusão social.

Dirigentes e militantes acadêmicos têm ficado mais indignados com a truculência verbal do ministro Dirceu do que com o verdadeiro alcance e significado das mudanças anunciadas. Assim, correm o risco de avaliar de modo ineficiente a conjuntura e as alternativas efetivamente disponíveis, portanto, respondendo com pouca competência.

Vejamos a principal nuance do caso. O anúncio de José Dirceu foi gratuito, ninguém lhe havia perguntado nada (até porque ele não é o Ministro da Educação). O que faria um todo-poderoso e dedicado operador político de um governo progressista, mal-aliançado a circunstâncias conservadoras, sair dos seus cuidados para bater firme na prioridade menor de um colega de ministério? A hipótese pseudo-psicológica, levantada por alguns analistas políticos, que considera a vaidade e volúpia de poder dos ministros mais loquazes, parece-me frágil e inconsistente. A hipótese conspiratória, que atribui ao FMI e ao Banco Mundial culpa por todos os males do Brasil, também não me satisfaz. Afinal de contas, contratos de empréstimos internacionais são por definição bilaterais, onde cláusulas exóticas são propostas, negociadas e, eventualmente, descartadas.

Minha hipótese é simples e direta: o modelo de universidade pública vigente no Brasil não se ajustaria ao programa de desenvolvimento sustentado proposto e prometido à sociedade pelo projeto político do governo federal. De fato, a universidade pública brasileira tem sido quase integralmente financiada com recursos orçamentários federais e pouco se articula ao setor privado industrial, realizando produtos de qualidade desigual, com pequeno impacto no processo de desenvolvimento econômico. O modelo atual de universidade pública teria enfim demonstrado pouca abertura à sociedade, mostrando-se, portanto, refratária ao controle social.

O debate sobre a gratuidade do ensino e sobre a inclusão social (leia-se, cotas raciais ou sociais), que a todos parece de capital importância e por isso merece tornar-se bandeira de luta-à-morte, na minha opinião, representa o humilde e indefectível bode no quarto. De bodes, ninguém duvida, o núcleo duro do governo entende muito. Porém Maquiavel dizia que não se devia revelar a estratégia antes da luta. E agora, José Dirceu?

COMO FINANCIAR A UNIVERSIDADE PÚBLICA*

Texto 24

Neste ano da graça da reforma universitária, muito se tem falado e escrito sobre a necessidade de um fundo estável para financiamento do sistema público de ensino superior no Brasil. Várias propostas para equacionar a questão estrutural de financiamento da universidade pública brasileira têm sido apresentadas. O assunto provoca intensa polêmica porque cada proposta tem fundamentos ideológicos e teóricos (papel do Estado, função da universidade, programa político de transformação da sociedade etc.) distintos e, por vezes, antagônicos. Neste texto, pretendemos analisar brevemente o significado e alcance prático dessas proposições. Como contribuição, apresentamos duas possibilidades que, até onde pudemos seguir no debate, ainda não foram trazidas à discussão.

Para começar, há um consenso: é impossível continuar com a situação vigente. Atualmente, o orçamento do MEC garante a folha de pessoal ativo e inativo, mas cobre apenas parcialmente as despesas

---

* Artigo publicado no site da Andifes (http://www.andifes.org.br), em 10 abril 2004.

Universidade Nova: Textos Críticos e Esperançosos

de custeio. O orçamento da União para o sistema federal de ensino superior permaneceu quase inalterado nos últimos sete anos. Apesar disso, o sistema se ampliou, com crescimento de mais de 25 % na graduação e 90% na pós-graduação e, o que é mais importante, mantendo a qualidade do ensino.

Para piorar a situação, nesse período, a inflação pós-Plano Real, apesar de reduzida no geral, continuou relativamente elevada no que se refere às tarifas de concessões públicas. Dívidas históricas com água, energia, telefone, limpeza e outros serviços essenciais acumulam-se ano após ano, quase inviabilizando a administração das principais instituições universitárias do país.

Como preliminar, devemos explicitar um pressuposto básico: não existe serviço público gratuito. Seja para garantir um direito ou para prestar um serviço, alguém paga as despesas decorrentes do exercício da função pública. No cenário atual, todas as forças políticas ou grupos de pensamento e ação de alguma expressão nacional estão a indicar fontes de financiamento para as universidades federais. Entrar no debate do financiamento do sistema público de ensino superior, de modo propositivo, significa afinal admitir que a consigna "ensino público gratuito" serve mais para alimentar retóricas e bandeiras de luta.

A questão central é se a conta será enviada para o Governo que administra o sistema, para as pessoas físicas que o utilizam ou para a sociedade que, sem ele, não terá chances de desenvolvimento sustentado. Com base nisso, podemos classificar o conjunto de alternativas de fontes de financiamento em três grupos:

(1) orçamento público exclusivo,
(2) pagamento pelos usuários do sistema,
(3) tributação específica.

1- Vejamos inicialmente a possibilidade de o orçamento da União vir a ser fonte exclusiva de financiamento do sistema. Em primeiro lugar, será irrealista supor que, neste contexto de crise financeira do Estado, de repente se poderá aumentar o orçamento público federal no montante necessário. Como vimos acima, o orçamento do MEC para o ensino superior tem sofrido uma redução real, ano após ano. A única maneira que restaria para suplementar o déficit crônico do orçamento público de custeio é a captação de recursos adicionais.

Entretanto, há um obstáculo para a incorporação desses recursos ao orçamento público: o engessamento imposto pela total falta de autonomia das universidades federais. Isto significa dizer que, mesmo garantindo o financeiro (quer dizer, dinheiro em caixa), simplesmente não poderemos utilizá-lo se não houver provisão, dentro das rubricas apropriadas, na proposta orçamentária que normalmente é fixada com enorme antecedência. O formato rígido e burocratizado de realização de despesas estrangula a capacidade criativa dos docentes, pesquisadores e gestores acadêmicos.

Em suma, mesmo de modo parcial e incompleto, o sistema atual – insuficiente, deficitário e inadministrável – já constitui exemplo dessa alternativa 1. Talvez por saberem da sua inviabilidade no Brasil de hoje, aqueles que o defendem parecem ser os mesmos que se posicionam contra (ou pretendem boicotar) a Reforma Universitária.

2- Em segundo lugar, analisemos a proposta de pagamento pelos usuários do sistema. Trata-se de uma alternativa que já vem sendo prescrita pelo receituário de ajuste econômico do FMI. De modo recorrente, retorna à cena sempre que se agudiza a crise financeira das universidades públicas. Aparece com duas variantes: pagamento direto pelos alunos ou pagamento indireto.

Universidade Nova: Textos Críticos e Esperançosos

O pagamento direto é simplesmente a cobrança aos alunos, ou a suas famílias, de mensalidades ou anuidades. Tem sido criticado como (a) politicamente inviável frente à realidade de carência socioeconômica da população brasileira e (b) inócuo face à sua reduzida capacidade de resolver a questão.

No primeiro argumento, o aspecto político parece eloqüente na medida em que, ao exigir pagamento dos usuários, a instituição pública estaria aprofundando ainda mais a elitização do ensino superior em um país que padece de uma das maiores concentrações de renda e de iniqüidade social de todo o mundo.

O segundo argumento pode ser analisado rapidamente com ajuda de um exemplo:

Uma universidade federal de porte médio, com 18 mil alunos e dois mil docentes, custa atualmente cerca de 400 milhões de reais/ ano. Consideremos que 2/3 do alunado origina-se de famílias com renda suficiente para pagar uma anuidade de R$ 4.000,00. Isto permite estimar a arrecadação produzida pelos 12.000 alunos pagantes em 48 milhões de reais/ano. Ora, este montante cobriria apenas 12 % do orçamento da instituição hipotética.

O pagamento indireto (ou postergado) realizar-se-á após a graduação mediante acréscimo ao imposto de renda da pessoa física, somente para ex-alunos que alcançarem certo patamar de renda mínima. Esta variante entrou no debate legislativo de 2003 como um "balão de ensaio", chegando-se a definir inclusive pisos de renda e formas de arrecadação. No atual discurso do MEC, esta possibilidade encontra-se praticamente descartada devido às dificuldades de implementação de regras de arrecadação capazes de discriminar aqueles elegíveis para a cobrança do tributo. Além disso, há a expectativa de uma enxurrada de processos judiciais com base na inconstitucionalidade suposta da medida.

3- A terceira fonte financeira que poderia sustentar o sistema federal de ensino superior compreende mecanismos de tributação específica ou acessória. O próprio Ministro Tarso Genro manifestou algum grau de apoio a tal medida, mencionando uma "cesta de alíquotas sobre tributos já existentes". A questão de "quem paga" permanece em aberto, na medida em que tal proposta provavelmente incluirá desde a CPMF (paga diretamente por cidadãos e firmas) até a COFINS (recolhida pelas empresas, mas em última instância repassada para os preços ao consumidor). Como o denso cipoal da rede tributária nacional já se encontra totalmente comprometido como fonte financeira de diversos setores do governo, será inevitável algum tipo de aumento no montante dos tributos. Essa proposição tem como obstáculo principal o fato de que a sociedade brasileira dá sinais de que já não aceita a carga fiscal atualmente vigente.

Verificamos que todas as propostas em pauta apresentam dificuldades de viabilização ou, o que parece mais preocupante, carecem de justificativas consistentes no que concerne ao princípio elementar de "quem aproveita, deve pagar". Dessa forma, como possíveis fontes de financiamento do sistema, indicamos a seguir os setores econômicos que, no Brasil, lucram com a instituição universitária pública.

O mais destacado é obviamente o segmento econômico do ensino superior privado. Trata-se do principal empregador da força de trabalho docente, em sua maioria formada em cursos de pós-graduação concluídos em instituições públicas (muitas vezes com bolsa de estudos também de origem pública). Além disso, este setor recruta praticamente todos os professores precocemente aposentados das universidades públicas, atraídos pela possibilidade de aumentar rendimentos. A maioria das faculdades e universidades

Parte IV -- Reforma Universitária

Universidade Nova: Textos Críticos e Esperançosos

particulares brasileiras de fato não investe um centavo na formação do seu pessoal qualificado. Dessa maneira, recebe um enorme, porém oculto, subsídio de recursos públicos.

Como é possível existir, mesmo no contexto capitalista periférico, um segmento econômico que movimenta mais de 20 bilhões de reais ao ano e que nada precisa investir na formação dos seus quadros técnicos e administrativos? O pior é que, no Brasil, o setor privado da educação superior não está sozinho no *nirvana* dos subsídios públicos. Na formação econômica brasileira recente, todos os setores empresariais lucram (e reduzem sua taxa de risco) com a universidade gratuita na medida em que incorporam mão de obra profissional especializada e gestores de alta qualificação, em grande medida formada no setor público de ensino superior.

No projeto de desenvolvimento econômico do regime militar, nas décadas de 1960 e 70, a questão da geração de força de trabalho especializada para modernização da indústria nacional e do setor de serviços foi resolvida mediante um consórcio tripartite entre governo, empresariado e trabalhadores. O resultado desse acordo compulsório foi uma rede nacional de formação de quadros para as empresas que atualmente se denomina Sistema S – SENAI e SESI (indústria), SENAC e SESC (comércio), SENAST (transportes), SEBRAE (pequenas empresas). O pacto do Sistema S foi viabilizado politicamente pelo governo militar mediante a concessão total do seu controle financeiro, institucional e gerencial às organizações empresariais; restou à classe operária dos respectivos segmentos contribuir para o seu financiamento e, pela cooptação, para a sua legitimação.

Em face das demandas do período inicial de implantação, na época do "milagre brasileiro", o Sistema S começou atuando nos níveis de formação técnica profissionalizante. Nas décadas de 1980 e 90, ocorreu no Brasil uma profunda transformação do parque industrial e da rede de comércio e serviços, gerando novas demandas por força de trabalho com mais elevado nível de formação. Nesse período, observou-se ampliação de atividades voltadas à educação permanente, sobretudo nos programas de aperfeiçoamento e especialização (pós-graduação lato senso), realizados diretamente pelas unidades do sistema.

Hoje, os setores industrial e financeiro empregam mais engenheiros, infotécnicos, administradores e outros profissionais de nível superior do que quadros de nível médio de formação; por outro lado, os setores comerciais e de transportes demandam cada vez mais mão-de-obra qualificada com graduação universitária. Apenas o segmento da indústria, ao inaugurar o Instituto Euvaldo Lódi (IEL) em 1997, tomou a iniciativa de buscar maior integração universidade-empresa. Ainda assim, o IEL opera de modo limitado, por meio de programas e convênios de fomento, apoio e ação conjunta com algumas poucas instituições de ensino superior, mantendo-se o controle financeiro e político das suas atividades no âmbito das federações empresariais do setor.

Defendemos a aplicação direta do princípio do ressarcimento social dos custos do serviço público a ambos os setores, de duas formas:

a) O setor privado de ensino superior poderá contribuir para sustentar financeiramente a universidade pública, especialmente suas atividades de pós-graduação, mediante taxação específica. É claro que qualquer investimento direto que as instituições particulares realizem na formação de seus quadros docentes será imediata e diretamente deduzido de tal contribuição.

b) Uma parcela substancial dos recursos arrecadados para o Sistema S pode ser revertida para o fundo financeiro da rede federal de ensino superior, diretamente ou indiretamente mediante convênios de cooperação. Neste caso, os gestores do Sistema devem co-participar dos organismos de avaliação, monitoramento e controle institucional das instituições universitárias, com assento nos respectivos conselhos de curadores e de gestão.

Sabemos que os *lobbies* que defendem os interesses dos setores empresariais e do setor educacional privado já se provaram competentes e atuantes e, por isso, podemos antecipar resistências e dificuldades. De fato, a despeito do enorme volume de subsídios públicos e vantagens auferidas pelo setor, há rumores crônicos de crise financeira do sistema privado de ensino superior no Brasil. Mesmo considerando a inadimplência dos alunos de baixa renda, é difícil acreditar que não se trata de uma crise de gestão, na medida em que atualmente poucos ramos de negócio, em situação gerencial competente e responsável, oferecem risco tão baixo como o ensino particular.

Por outro lado, o fundo de sustentação financeira do Sistema S, por sua magnitude e estabilidade, tem sido sem sucesso cobiçado por praticamente todas as áreas de governo, especialmente aquelas preocupadas em recompor orçamentos destinados a políticas sociais. Além disso, o sistema tem sido administrado com bastante eficiência, demonstrando a viabilidade de modelos gerenciais de base empresarial para organizações prestadoras de serviços públicos.

Não obstante tais questões, a presente proposta significa uma modesta contribuição para a alternativa 3 acima. A cesta básica de fontes financeiras antevista pelo Ministro Tarso Genro poderá, além do que foi proposto, conter alíquotas de contribuições e impostos não transferíveis aos consumidores, como por exemplo, o imposto sobre grandes fortunas que há bastante tempo vem tramitando no Congresso Nacional. Além disso, podem-se incorporar deduções sobre o imposto de renda de pessoa jurídica e sobre heranças e transmissão de bens capazes de incentivar doações para as universidades públicas.

Enfim, encontra-se implícita, nesta proposta, a aplicação de princípios de justiça fiscal e social, especialmente o princípio de que não cabe ressarcimento individual para o exercício de direitos sociais e, sobretudo, a norma básica de ética política de que o Estado não pode nem deve financiar o lucro privado. Independentemente de filiação partidária e interesse econômico, a sociedade deve se unir para garantir a sobrevivência da principal instituição social que produz ciência, tecnologia, arte e cultura e que forma os quadros profissionais e intelectuais necessários para o desenvolvimento sustentado da nação brasileira.

REFORMAS DA UNIVERSIDADE: BREVE HISTÓRICO*

Texto 25

Pretendo aqui recontar a história da Universidade e de suas reformas, no mundo e no Brasil, imaginando contribuir para que as oportunas idéias de reforma universitária no Brasil não terminem por reinventar a roda ou redescobrir o fogo.

Inicialmente, vamos discutir as raízes históricas da Universidade na era medieval, cuja inauguração foi em si mesma uma reforma radical no regime de educação vigente no período. Em seguida, pretendo explorar a contribuição de grandes filósofos para a primeira reforma sistêmica da instituição universitária, resultando na incorporação da produção de conhecimento científico e tecnológico como parte da missão da Universidade. Ainda no plano internacional, destacarei a reforma da arquitetura curricular das universidades norte-americanas no início do século XX, finalizando com uma apresentação brevíssima do chamado Processo de Bolonha.

---

* Palestra apresentada no Seminário Dilemas da Reforma Universitária, promovido pela UnB em 9/6/2004, transcrita, revisada e ampliada.

Universidade Nova: Textos Críticos e Esperançosos

No plano nacional, vamos analisar o contexto de surgimento das primeiras escolas superiores, em especial os constrangimentos ideológicos e políticos que só permitiram a organização de universidades em nosso país quando todo o mundo civilizado já de há muito dispunha de sistemas avançados de educação superior. Em seguida, farei uma pequena revisão das reformas da educação superior no Brasil, com destaque para a Reforma Universitária de 1968, última iniciativa de atualização da arquitetura acadêmica em nosso país. Finalmente, pretendo discutir algumas iniciativas que, desde o processo de redemocratização do país, têm sido apresentadas como possibilidades (frustras, é bem verdade) de pelo menos retificar algumas distorções das reformas impostas pelos governos militares nas décadas de 1960 e 1970.

A universidade medieval

A instituição que depois veio a ser chamada de Universidade foi constituída na Idade Média como alternativa da nascente sociedade civil (burgueses, artesãos etc.) aos centros de formação clerical, que formavam a elite pensante da época. Várias formas de resposta foram tentadas, como a organização de corporações de estudantes livres que resultou na Universidade de Bolonha, ou fruto de iniciativas de Estados autônomos como a Universidade de Oxford, ou mesmo pela manutenção de uma linhagem direta religiosa, como a Universidade de Paris. Mesmo com essa diversidade, a universidade medieval herdou uma série de práticas da instituição religiosa hegemônica, a Igreja Católica Romana nesse período, que conformava a estrutura monástica dessa instituição na sua história inicial. Em outras palavras, toda a educação universitária nessa fase inicial compreendia formação teológica avançada, com base na filosofia escolástica.

Gosto de referências cinematográficas. Não sei se os mais jovens viram, mas os da nossa idade podem ter assistido há algum tempo um filme chamado *Em nome de Deus* (no original *Stealing Heaven*, Inglaterra, 1988) do diretor Clive Donner, que narra a história de Abelardo e Heloísa. Novamente aquela história trágica de romance proibido da Idade Média. Heloísa é uma bela mulher de família nobre, independente, inteligente e deslumbrada com a vida; Abelardo é um brilhante filósofo e professor em uma das primeiras universidades do mundo. Tem uma cena magistral: ele dando aula para sua turma no pátio de uma torre de castelo, com os alunos apinhados nas sacadas em espiral. Uma aula em movimento, com posições teatrais, hipercênicas, do professor como um dialético, alguém que transmite seu conhecimento numa base argumentativa completamente dialogada. Guardei a cena como uma cuidadosa reconstituição do ensino universitário na era medieval.

A arquitetura curricular da universidade medieval era bastante simples, em tese articulando todo o saber legitimado da época em um ciclo básico composto pelo ensino das sete artes liberais, divididas em dois blocos: o *trivium* (Gramática, Retórica e Dialética) e o *quadrivium* (Aritmética, Geometria, Astronomia e Música). Inicialmente, o único ensino especializado admitido era Teologia. Com a organização das primeiras universidades laicas, especialmente no cenário norte-italiano, acrescentou-se o estudo das Leis como formação jurídica especializada, visando à consolidação de uma ordem mercantil, essencial ao poderio econômico da nascente burguesia.

As chamadas artes mecânicas (equivalentes às engenharias) não constituíam objeto de formação universitária institucionalizada. Essa

Universidade Nova: Textos Críticos e Esperançosos

educação se realizava através de formas diversas de transmissão de saber e tecnologia baseadas no contato direto do mestre com seus aprendizes. Quanto ao curso de Medicina, embora antes da constituição formal das universidades, por influência da eficiente medicina árabe, tivessem sido organizadas escolas de preparação de médicos - como a pioneira escola de Salerno, criada no século X - somente no século XIII esses cursos se tornaram faculdades e passaram a integrar universidades.

Em síntese, a universidade medieval chegava à era moderna com uma estrutura curricular rígida, composta por duas Faculdades (Teologia e Direito), a depender da maior ou menor influência da religião sobre o Estado. No século XV, em diversos países, escolas médicas foram incorporadas ao panteão universitário como Faculdade de Medicina. A estas três Faculdades Superiores (daí a origem do nome educação superior para o ensino universitário), a emergência do racionalismo iluminista determinou a agregação de centros de formação científica, inicialmente disfarçados como Faculdades de Filosofia, chamados de faculdades inferiores.

A formação profissional tecnológica permanecia fora das universidades, sendo no máximo objeto das escolas militares para as proto-engenharias ou de iniciativas isoladas de base estatal, como a famosa Escola de Sagres para as artes náuticas.

Kant, Humboldt e o conflito das faculdades

O primeiro movimento de algo que poderíamos chamar de reforma universitária encontra-se curiosamente registrado em uma obra da alta maturidade de um dos maiores filósofos da civilização ocidental, Immanuel Kant. Kant (1990) escreveu em 1795 um pequeno grande livro chamado *O conflito das faculdades*. Nunca imaginei que o mesmo Kant da *Crítica da razão pura* pudesse ter escrito sobre a primeira reforma universitária, tentando denunciar os últimos resquícios do caráter sacro e politicamente dominado da universidade, mesmo numa era já fortemente racionalizada, no começo da Revolução Industrial. A universidade medieval tinha três faculdades superiores, como vimos, Teologia, Direito, Medicina. O Renascimento trouxe a novidade da ciência da natureza e do mundo físico, que se apresentava como campo de conhecimento ainda dentro da filosofia, no caso como filosofia natural. Então o ensino de disciplinas científicas começou a se organizar dentro das universidades, na nova Faculdade de Filosofia.

O conflito das faculdades é uma espécie de carta aberta ao Rei Frederico Guilherme da Prússia, que foi o grande reorganizador institucional do império alemão depois das guerras napoleônicas. É fantástico como libelo, irônico e crítico. Em vez de ficar pedindo desculpas, aparentemente se retratando de uma advertência do pai do soberano, Kant analisa criticamente a estrutura do ensino superior do seu tempo: a verdade da Faculdade de Teologia era estabelecida pela divindade; a verdade da Faculdade de Medicina advinha do princípio de autoridade; a verdade da Faculdade de Direito submetia-se à vontade do soberano.

Kant argumenta com clareza que a verdade da Faculdade de Filosofia resultava do escrutínio científico do mundo e que, portanto, as faculdades inferiores deveriam ter como princípio não se ater à autoridade do Deus, dos velhos mestres ou do soberano para a definição da verdade. Em conseqüência, as faculdades inferiores tinham todo o direito de ser parte da universidade em um registro claro de autonomia, em relação à faculdades superiores tanto quanto perante poderes externos. O texto kantiano propõe uma reforma da instituição universitária, para que ela deixe de obedecer a princípios religiosos e políticos e enfim se constitua como espaço livre, onde não haja *magister*, soberano ou pontífice para atestar a verdade mesmo

Universidade Nova: Textos Críticos e Esperançosos

para as faculdades superiores, aquelas que hoje em dia parecem muito independentes. Vejam como a questão da autonomia já aparece no primeiro momento da modernidade na universidade.

É deveras fascinante a centralidade e oportunidade da contribuição filosófica de Kant ao tema da autonomia universitária. Porém, mais fascinante ainda é o fato de que se trata de um dos textos filosóficos de maior impacto sobre os processos históricos de transformação institucional. Não sabemos se o soberano entendeu e acolheu sua crítica, mas as rigorosas bases da sua argumentação determinaram um viés de extremo respeito das autoridades políticas perante o ponto de vista filosófico em relação ao ensino superior. Tanto que o Estado germânico, ao reestruturar a Alemanha após as guerras napoleônicas, pretendendo reformar o sistema de formação superior integrando-o ao desenvolvimento nacional, encomendou projetos de universidade aos mais renomados filósofos da época. Filósofos da estatura de Fichte, Schelling e Schleiermacher, apresentaram suas contribuições a essa primeira reforma universitária, porém foram os irmãos von Humboldt os vencedores desta espécie de "edital filosófico" da primeira reforma universitária.

Divulgado em 1810, o Relatório Humboldt estabelecia o primado da pesquisa, priorizando no ensino superior a outrora faculdade inferior, realizando assim a proposta kantiana. Baseava-se em uma premissa clara e muito simples: a base da verdade para o ensino das faculdades inferiores deverá ser a pesquisa científica. Do ponto de vista de organização do saber, a reforma humboldtiana consolidou o sistema de gestão acadêmica com base no conceito de cátedra [*katheder*], instância de superposição orgânica da governança institucional com a repartição dos campos de conhecimento. Neste conceito, estendido à noção de "liberdade de cátedra" que ainda estrutura a nossa organização curricular, para cada disciplina científica haveria um líder intelectual autônomo e responsável tanto pela gestão dos processos administrativos como pela gestão acadêmica dos conteúdos curriculares.

A primeira universidade alemã moderna foi a Universidade de Berlim, organizada de acordo com os princípios e diretrizes do Relatório Humboldt. No modelo da universidade humboldtiana, logo difundido por toda a Europa do Norte no século XIX, a pesquisa se afirma como eixo de integração do ensino superior e o credenciamento do que pode ou não ser ensinado nas universidades se define pela investigação científica. Parece óbvio hoje, mas naquela época, estamos falando do início do século XIX, não era tão simples assim dado que em muitas realidades a produção do conhecimento sistemático não se dava nas universidades. Vou até me arriscar a dizer que a produção do conhecimento sistemático quase nunca se dava nas universidades, e sim nas academias. A reforma humboldtiana foi a maneira que a universidade encontrou de trazer para dentro de si quase que um mandato institucional e político sobre a produção da ciência.

O processo de formação nas engenharias merece uma anotação especial. Até o início do século XIX, a formação profissional em tecnologias permaneceu excluída da educação superior. Somente após a era napoleônica se estruturaram carreiras equivalentes e sistemas de formação profissional com a implantação das *Écoles Polytechniques*, abrindo à sociedade civil e elevando ao estatuto de "ensino superior" o sistema militar de formação tecnológica. Ainda assim, por muito tempo e em diversos países da Europa Ocidental, ocorriam problemas de compatibilidade entre graus acadêmicos e programas curriculares devido ao fato de que a formação dos engenheiros se dava fora das universidades.

Universidade Nova: Textos Críticos e Esperançosos

Da Reforma Flexner ao Processo de Bolonha

Cem anos depois, outra importante reforma universitária ocorreu nos EUA, orquestrada e articulada não pelo Estado, mas pela sociedade civil, representada pelo grande capital. Nesse caso, os barões do petróleo e das ferrovias se reuniram, juntaram uma parcela ínfima do seu monumental lucro e organizaram instituições que começavam a interferir na organização e na estruturação da sociedade. Este é o começo das grandes fundações filantrópicas, já organizadas sob a forma de excedentes institucionais. Como primeira grande missão social, as cinco maiores fundações, lideradas pela *Carnegie Foundation*, instituíram em 1905 uma comissão que avaliou o estado do ensino superior nos EUA, principalmente na área de saúde. A presidência da comissão foi entregue a Abraham Flexner, então um jovem educador, especialista em filosofia, grande conhecedor de Hegel e estudioso de Kant.

No início do século XX, os EUA exibiam taxas espetaculares de crescimento e se afirmavam como a meca do capitalismo industrial, com base no primado do *laissez-faire* na sua estruturação jurídica, social e econômica. Todos os setores da educação, em especial a educação superior, se organizavam de modo completamente desregulamentado, apesar da forte influência do modelo humboldtiano nas universidades de pesquisa na Nova Inglaterra, intermediado pelas clássicas instituições inglesas e escocesas. Não havia distinção clara entre ensino escolar e ensino universitário, e os cursos superiores apresentavam enorme variação de duração e de qualidade, como, por exemplo, cursos de medicina e de direito com duração de três a sete anos.

O Relatório Flexner de fato focalizou a área da saúde, mas em suas recomendações trouxe implícito um projeto de reorganização de todo o sistema universitário americano. O modelo de arquitetura acadêmica baseado em uma formação básica e flexível antes da graduação [*undergraduate college*] levando a mestrados de formação profissional ou mestrados de transição para o doutorado resulta dessa reforma. Trata-se de adaptação do modelo adotado pelas universidades escocesas, que já estava implantado nos tradicionais *colleges* da chamada Ivy League. Nessa tradição, respeitava-se como exceção as profissões que faziam parte das antigas faculdades superiores como, por exemplo, direito e medicina, onde a formação completa implicava um grau equivalente ao doutorado. O doutorado nesse sistema denomina-se *Philosophy Doctor* (cuja abreviatura, Ph.D., tornou-se mundialmente famosa) justamente por se tratar do grau doutoral da Faculdade de Filosofia.

No plano organizativo, implantou-se o sistema departamental, com a separação entre gestão institucional (exercida pelos *Deans* das escolas e faculdades) e governança acadêmica, nesse caso conduzida pelos departamentos, compostos por todos os professores titulares (*Full Professor*), superando o regime de cátedra vitalícia da universidade humboldtiana. Além disso, a universidade norte-americana resultante da Reforma Flexner fomentava a organização de institutos e centros de pesquisa autônomos dos departamentos, propiciando grande flexibilidade e autonomia aos pesquisadores individuais ou em grupos. O próprio Flexner foi posteriormente o criador do *Institute for Advanced Studies* da Princeton University, famoso por ter acolhido Albert Einstein, na época considerado o mais importante cientista do mundo.

Com poucas modificações, esse modelo de arquitetura acadêmica persiste em toda a América do Norte, sendo ainda compatível com os modelos de graduação das universidades britânicas e de todas as universidades da *Commonwealth*, como Índia, África do Sul, Nova Zelândia, Austrália e Canadá. A principal atualização desse

Universidade Nova: Textos Críticos e Esperançosos

modelo, após a crise institucional produzida pelos movimentos dos direitos civis dos anos 1960, consistiu na multiplicação de *community colleges* por todo o território norte-americano, massificando o acesso à universidade de segmentos sociais anteriormente excluídos do ensino superior. A magistral obra de Clark Kerr (2005) registra e analisa desdobramentos recentes e tendências atuais do modelo universitário norte-americano, tornado cada vez mais dependente de agências de financiamento de pesquisa e referenciado pelo mercado de trabalho.

Durante todo o século XIX e na primeira metade do século XX, a Europa conviveu com uma imensa multiplicidade de modelos de formação superior. Praticamente cada país do continente europeu adotou sua versão de sistema universitário diretamente gerado da universidade elitizada do século XVIII. A universidade de pesquisa inspirada na Reforma Humboldt consolidou-se na Alemanha e no Reino Unido. Na França, a rede de universidades convivia com os *collèges* (muito distintos dos *college* norte-americanos), com as *écoles supérieures* e com as *écoles polytechniques*. Nos países mediterrâneos, em especial na Itália, seguiam-se ainda formatos setecentistas de formação profissional bacharelesca. Em Portugal, além disso, respeitavam-se as diretrizes estruturais da universidade francesa pré-Reforma Bonaparte.

Como vimos, cada um dos países membros da União Européia (UE) tinha um sistema de organização de ensino superior completamente próprio, autônomo, diferente e em tese incompatível com os demais. Há 20 anos, por exemplo, um grau obtido na França não tinha equivalência com nenhum outro país, em Portugal e na Itália idem. Com a consolidação da UE, tornou-se imperativa a padronização dos sistemas de formação profissional entre os países signatários dos vários acordos de integração econômica e política. Esse debate começou desde as negociações visando à formação da comunidade econômica européia, culminando com o Compromisso de Lisboa em 1997.

Em 1999, os ministros de educação dos países membros da União Européia assinaram um grande tratado internacional, conhecido como a Declaração de Bolonha, em que se comprometeram a implantar, até 2010, compatibilidade plena entre os seus sistemas universitários. Esse acordo marcou o lançamento do chamado Processo de Bolonha, que tem desencadeado uma gigantesca e complexa reforma universitária em todos os países signatários e aderentes (já totalizando 46 nações) no sentido de adotar princípios e critérios comuns e compartilhados de creditação, avaliação, estruturas curriculares e mobilidade estudantil na esfera da educação superior.

No Brasil: primeiras escolas superiores

Vejamos agora uma breve abordagem histórica da instituição universitária no Brasil (OLIVEN, 2002), resultante de séculos de colonialismo e dependência econômica, política e cultural.

Ao contrário das outras potências coloniais, Portugal detinha com mão-de-ferro o monopólio da formação superior, tornando absolutamente interdito ministrar "ensino superior" nas colônias. Por isso, os colonizadores portugueses jamais permitiram o estabelecimento de instituições de educação universitária no Brasil – sua maior e mais bem guardada colônia – até o começo do século XIX. Aristocratas e funcionários de alta hierarquia em busca de educação superior, por obrigação ou como única opção, normalmente eram enviados a estudar na Universidade de Coimbra, em Portugal. O problema é que, até o século XVIII, a Universidade de Coimbra, dominada pela Companhia

Universidade Nova: Textos Críticos e Esperançosos

de Jesus, só fornecia graus de Doutor em Teologia, Direito ou Medicina, fiel ao modelo escolástico medieval da *Ratio Studiorum* (TEIXEIRA, 2005).

A primeira unidade de ensino superior do Brasil foi a Escola de Cirurgia, fundada na Bahia em 1808. O fundador e patrono foi D. João VI, monarca português que fugiu da Europa com toda a sua corte para escapar das guerras napoleônicas. (Por casualidade, essa escola foi o embrião da Universidade Federal da Bahia). No mesmo ano, nove meses depois, foi fundada uma instituição similar no Rio de Janeiro, onde finalmente se instalou a corte portuguesa.

Depois da Independência em 1822, outras instituições acadêmicas (em Medicina, Leis, Engenharias e Belas Artes) foram estabelecidas nas principais cidades brasileiras durante o Império. Nessa fase, não se fez qualquer esforço para organizar universidades ou instituições similares porque o modelo português de universidade escolástica permaneceu influente, moldando-se à cena ideológica pós-colonial brasileira. Depois da República (1889) e durante as primeiras três décadas do Século XX, o modelo francês de liceu e *école supérieure* substituiu o monopólio intelectual de Portugal. Apesar disso, observou-se forte influência germânica no que se refere à produção de conhecimento científico (vide a famosa Escola Tropicalista da Bahia, que não por acaso se estabeleceu fora dos muros da academia).

Existe uma disputa, que acho curiosa e engraçada, em se estabelecer qual foi a primeira universidade brasileira. A criação da Universidade do Brasil em 1921, por muito tempo citada como a primeira universidade nacional, aparece hoje como uma anedota, contada e recontada: teria sido criada somente para conceder um título de *Doctor honoris causa* ao Rei Balduíno da Bélgica, que impôs como condição para participar do Centenário da Independência receber a honraria universitária máxima. Para evitar uma crise diplomática, o governo federal convocou os diretores das Faculdades de Medicina, Direito e Engenharia que improvisaram um Conselho Universitário. Depois de conceder o cobiçado título, o conselho formado pelos decanos das faculdades superiores isoladas, todos certamente candidatos a Reitor, nunca mais se reuniu e a universidade não se estabeleceu.

A Universidade do Paraná se apresentava como a pioneira, criada em 1912 mediante a união de faculdades isoladas; porém já descobrimos que os barões da borracha criaram a Universidade do Amazonas em 1909, em condições semelhantes. Daqui a pouco alguma outra instituição pode aparecer postulando-se como a primeira universidade brasileira, desde 1808. O simples ajuntamento de faculdades isoladas preexistentes, sem articulação funcional, institucional, pedagógica e científica de algum modo concretizada, não definiria uma universidade no seu sentido pleno.

A primeira universidade brasileira foi a Universidade de São Paulo, instituída em 1934, enquanto projeto acadêmico e institucional completo. Esta importante instituição foi organizada e consolidada com a ajuda de uma missão de jovens acadêmicos franceses formados pela Sorbonne que incluiu Fernand Braudel, Claude Lévi-Strauss e Roger Bastide, dentre outros nomes ilustres. Apesar de baseada em um modelo exógeno transplantado, muitos concordam que a USP foi realmente a primeira universidade no Brasil, criando um paradigma nacional de instituição universitária no seu sentido mais pleno e preciso.

Tem alguém da USP ou formado pela USP presente nesta sala? Uma das minhas diversões prediletas é fazer gozação com a USP como doce vingança porque toda vez que me convidam para rituais acadêmicos, como bancas de concursos ou de titulações, fico traumatizado com o volume de roupas e paramentos que me obrigam

Universidade Nova: Textos Críticos e Esperançosos

a vestir. Os funcionários da Faculdade de Medicina da USP, onde mais me convidam, são verdadeiros heraldistas, treinados para colocar pelerines, palas, capas, faixas, painéis, todos os egrégios signos talares de acordo com a hierarquia dos títulos acadêmicos. Também a USP faz um milagre ao resgatar o título de livre-docente que, no sistema universitário de alguns países europeus no século XIX, originalmente significava apenas um exame de autorização para não-doutores ensinarem na universidade. Para dar uma idéia, trata-se do único reconhecimento que Freud conseguiu arrancar da Universidade de Viena. Pois bem, os paulistas transformaram isso numa titulação tão maravilhosa que quem não for livre-docente não tem autorização para falar em alguns lugares. É claro que estou brincando!

Mas voltando à USP, e agora falando sério, há controvérsias sobre essa primazia, porque vários autores afirmam que, ao contrário da USP, cuja única novidade era a Faculdade de Filosofia, Ciências e Letras, a primeira universidade brasileira de fato foi a Universidade do Distrito Federal, criada por Anísio Teixeira em 1934.

Aproveitando sua breve passagem como Secretário de Educação do Distrito Federal, em 1934, Anísio Teixeira convocou os maiores nomes da cultura nacional da época para montar a Universidade do Distrito Federal. Esse grupo era uma espécie de seleção brasileira dos intelectuais daquele tempo. Villa-Lobos era o líder acadêmico na música, Cândido Portinari na pintura, Gilberto Freire na Antropologia, Mário de Andrade na História e Folclore, Jorge de Lima na Literatura, e outros nomes ilustres; o reitor era Afrânio Peixoto. Anísio Teixeira desafiou-os a pensar sobre como aplicar os princípios da Educação Democrática no ensino universitário. Foi um período inegavelmente rico, no qual muitas idéias se concretizaram. Dessa iniciativa resultou um projeto tão avançado que provocou imediatos incômodos políticos: acusado de socialista, perseguido e

Naomar de Almeida Filho

ameaçado de prisão, Anísio foi exonerado e refugiou-se no interior da Bahia. O Ditador Getúlio Vargas empossou um intelectual da direita católica, Alceu Amoroso Lima, como reitor interventor, com a finalidade de desmontar aquele experimento. No entanto, Anísio Teixeira guardou essas idéias e sonhos para mais tarde aplicá-los na revolucionária Universidade de Brasília (como veremos adiante).

Alguns historiadores tomam a era Vargas como a chegada da modernidade no Brasil. Isto pòde ser verdade, mas não se aplica à educação universitária, pois exatamente quando acaba a ditadura Vargas, em 1945, é que se cria a rede de universidades federais. Logo em 1946, foram inauguradas instituições semelhantes em todo o país, notadamente a Universidade do Rio de Janeiro, a Universidade da Bahia e a Universidade de Recife (SANTOS, 1997).

Instituídas por decretos legislativos, com estruturas de gestão e de ensino muito semelhantes, há certo grau de ironia no fato de que todas emulavam o modelo institucional e pedagógico da Universidade de Coimbra, copiando até mesmo rituais acadêmicos e vestes talares. Por exemplo, encontra-se explicitamente declarada, nos documentos de fundação da Universidade Federal da Bahia, a meta de tornar-se uma Coimbra brasileira. A ironia reside em que a Universidade de Coimbra era, nesse período de ditadura salazarista, uma das universidades de estrutura mais arcaica dentre as instituições acadêmicas européias. Coimbra cultuava a respeitosa tradição histórica da universidade escolástica, justamente o que as instituições brasileiras copiavam (e creio que continuam a imitar) da matriz universitária lusitana (TEIXEIRA, 2005).

Não obstante, essas novas instituições abrigaram importantes *scholars* e artistas europeus que fugiam da devastação do pós-guerra. Isto lhes permitiu, de modos diversos, superar suas origens em instituições oligárquicas e conservadoras, como era o caso da

Parte IV – Reforma Universitária

Sorbonne e da Universidade de Coimbra na Europa de meados do século XX. No caso da UFBA, por exemplo, graças à visão do Reitor Edgard Santos e aos muitos intelectuais e artistas europeus que o ajudaram a instalar novas faculdades de artes e ciências humanas, acabamos por nos tornar uma das principais universidades de arte & cultura do país.

Reformas Universitárias Brasileiras

Só nos anos 1960, o modelo de universidade de pesquisa científico-tecnológica chegou ao Brasil. Convidado por Juscelino Kubitschek a desenhar um novo modelo universitário para aplicação na Universidade de Brasília, em 1960, Anísio Teixeira, concebeu esta universidade para se tornar o primeiro centro acadêmico de um novo modelo civilizatório para o Brasil (RIBEIRO, 1986). A maior novidade no projeto original da UnB foi uma influência realmente muito grande do modelo flexneriano de universidade (TEIXEIRA, 2005). Entusiasta do pragmatismo norte-americano, em especial a filosofia pedagógica de John Dewey, com quem estudou no *Teacher's College* da Columbia University, Anísio Teixeira trouxe dos EUA uma idéia muito aberta do que deveria ser uma universidade. Anísio e seu discípulo Darcy Ribeiro, antropólogo e também educador, não hesitaram em propor a superação dos defeitos do sistema departamental norte-americano, ajustando-o a uma realidade menos especializada e mais carente (RIBEIRO, 1986).

Assim, a UnB já nascia sem a cátedra vitalícia, com programas de ensino baseados em ciclos de formação geral, organizada em centros por grandes áreas do conhecimento (portanto, sem faculdades superiores). Infelizmente, o regime militar que tomou o poder depois do golpe de 1964, entre suas primeiras medidas, ocupou militarmente a UnB, destituiu e exilou Anísio Teixeira, então Reitor, e decretou uma intervenção na instituição que culminou com a demissão da maioria dos docentes e pesquisadores (SALMERON, 1998). Apesar de ter sido a única universidade brasileira de porte que, em sua proposta original, não pretendia emular a universidade européia como modelo ideal, submetida à intervenção militar, a UnB terminou acomodando-se à estrutura administrativa e curricular vigente no país.

Logo em seguida, o regime militar decidiu adotar nacionalmente uma cópia empobrecida do sistema americano de educação universitária. Um acordo entre o Ministério da Educação e a USAID foi firmado em 1967, com a finalidade de introduzir uma "reforma universitária" em nossa estrutura acadêmica, financiada por empréstimos do FMI e do BID. A reforma encontrou dois focos de resistência: boicote pela oligarquia conservadora no interior da estrutura da universidade, e reação dos movimentos estudantis de esquerda, que culminaram com mega-passeatas de rua, o que, no decorrer de 1968, terminou por justificar o "golpe dentro do golpe" do AI-5.

O endurecimento do regime militar e a repressão por ele imposta foram capazes de submeter a resistência da esquerda universitária. Porém, de cima para baixo, aquela reforma não conseguiu se sobrepor à força dos grupos da direita acadêmica que descendiam diretamente da universidade do Velho Mundo. Por isso, a Reforma Universitária de 1968 (objeto da Lei nº 5540/68) terminou incompleta, e resultou em um tipo de estrutura de gestão mista, produzindo um sistema de formação incongruente consigo próprio. Por um lado, uma versão distorcida do sistema anglo-saxão de departamentos foi sobreposta ao sistema franco-alemão da cátedra vitalícia, todavia sem erradicá-lo, sem formas de controle

Universidade Nova: Textos Críticos e Esperançosos

institucional e social nem mecanismos de avaliação de qualidade acadêmica (TEIXEIRA, 2005).

Por outro lado, conseguimos o milagre de incorporar à nossa arquitetura acadêmica aquilo que nos EUA é em parte formação profissional (os Mestrados) interpretando-a de modo distorcido como formação de pós-graduação, sem remover o sistema anterior de ensino de graduação profissionalizante inspirado nos antigos modelos alemão e francês. Nesse caso, criamos um título universitário terminal chamado de Mestrado, como uma espécie de licenciatura para a docência universitária, além de uma formação especial de pesquisador chamada de Doutorado. Vale notar que o Mestrado brasileiro não corresponde ao *Magister* germânico nem à *Maitrîse* francesa nem aos títulos contemporâneos de *Master* no sistema anglo-saxão ou no Processo de Bolonha.

Para dar um exemplo extremo dessa incongruência, tomemos a formação de um docente-pesquisador em Medicina. Nos EUA, se você pretende ser médico, inicialmente deve cursar quatro anos do *undergraduate*, em uma escola ou instituto que se chama *college*, em geral concluindo um Bacharelado em Ciências. Depois pode seguir uma de duas opções:

a) Submeter-se a uma concorridíssima seleção, entrar na escola médica, cursar quatro anos de Doutorado em Medicina, incluindo mais dois a quatro anos de residência; total: 10-12 anos.

b) Fazer um Mestrado em área de Saúde (Bioquímica, Genética, Farmácia, Saúde Pública ou qualquer outra), que dura dois anos e concede um diploma profissional, para depois submeter-se a uma concorridíssima seleção para o Doutorado em Medicina ou tentar fazer o PhD na área de conhecimento ou profissão do seu mestrado; total: 10 anos.

Depois da Reforma de 1968, no Brasil, para a mesma carreira, o candidato deve submeter-se a uma concorridíssima seleção, estudar seis anos de Medicina, depois submeter-se a outra concorridíssima seleção e cursar mais dois a três anos de Residência, em seguida dois anos de Mestrado e finalmente fazer um Doutorado de quatro a cinco anos; total: 14-16 anos.

Quando fui aos EUA concluir minha formação em Epidemiologia, os colegas americanos não conseguiam entender porque um professor assistente de uma faculdade de medicina precisava cursar o que para eles parecia um segundo doutorado, numa mesma área de conhecimento.

Mais do que incompleta, a Reforma Universitária de 1968 foi nociva em sua resultante final, pois conseguiu manter o que de pior havia no velho regime e trouxe o que havia de menos interessante no já testado modelo flexneriano estadunidense. O fato de ter sido um movimento gerado pela ditadura militar, imposto de cima para baixo, provavelmente fez com que os pontos positivos da proposta de reforma se perdessem no volume da reação. Assim, a única reforma sistêmica que a universidade brasileira experimentou em sua curta história criou uma espécie de salada, ou talvez um pequeno monstro, um Frankenstein acadêmico, tanto em termos de modelo de formação quanto de estrutura institucional.

Não obstante, algo positivo resultou desse esforço de reestruturação da educação universitária no Brasil. Na década de 1970, uma rede institucional de pós-graduação foi gradualmente implementada, viabilizando programas credenciados de treinamento e pesquisa. Além disso, o Ministério de Educação estabeleceu um comitê nacional para credenciamento de programas de pós-graduação vinculados à CAPES que se tornou um sistema bastante eficiente de avaliação pública da educação universitária. Em paralelo, algumas

Universidade Nova: Textos Críticos e Esperançosos

agências de apoio patrocinadas pelo governo federal foram preparadas para apoiar a recém-nascida rede universitária de laboratórios de pesquisa. Estas agências – sendo a mais proeminente o Conselho Nacional de Desenvolvimento Científico e Tecnológico (CNPq) – também concediam bolsas de estudo, treinamento e pesquisa, permitindo estudantes e pesquisadores levarem a cabo seus projetos, junto com um sistema permanente de avaliação de desempenho.

Depois da Reforma...

Durante a redemocratização do Brasil (1981-1988), o sistema universitário público do país sofreu muito com a crise econômica que se abateu sobre a América Latina e com a crise política paralela ao processo de abertura democrática. Em especial para o sistema federal de ensino superior, foram anos de subfinanciamento, caos administrativo, crise de autoridade, desvalorização social, manifestos em longas, freqüentes e frustrantes greves de estudantes, docentes e servidores.

Em 1985, ocorreu uma tentativa lúcida, porém inócua, de se realizar uma reforma universitária capaz de corrigir os equívocos da Reforma de 1969. O governo Sarney instituiu a *Comissão Nacional para Reformulação da Educação Superior*, incorporando segmentos outrora excluídos do debate político-institucional (no caso, UNE, ANDES e FASUBRA), criada com o objetivo ambicioso de fornecer subsídios para uma nova política de educação superior apresentando "propostas que pudessem ser imediatamente consideradas". O Ministério da Educação comprometia-se a acolher as propostas da Comissão, elaborando um projeto de lei a ser encaminhado ao Congresso Nacional. Após 7 meses de trabalho, a Comissão apresentou seu Relatório Final, lançado solenemente em programa de TV transmitido para todo o território nacional, impresso em larga escala pelo MEC e distribuído às universidades. Dentre suas propostas, destacavam-se uma política de financiamento por meio de vinculação orçamentária (nunca implementada), normas de avaliação de desempenho (depois recuperadas pelo MEC), modificações nas carreiras docentes (objeto de negociações das greves) e um conceito dúbio e superficial de autonomia universitária, que certamente subsidiou o capítulo pertinente da Constituição de 1988.

Segundo avaliação da própria UNE (1986):

> Em linhas gerais, é possível afirmar que a característica básica e o rumo a que conduzem essas propostas é o de realizar algumas modificações no sistema de ensino superior implantado após 64; de livrá-lo **de parte** de seus mecanismos retrógrados e autoritários; de eliminar certos aspectos que encarnam sua vocação privatista e mercantilista; sem **abalar** porém seus fundamentos. (grifos do original).

O trabalho da Comissão foi quase completamente desperdiçado: nenhum projeto de lei foi elaborado nem qualquer de suas propostas encaminhada. A única conseqüência prática da iniciativa foi uma modificação substancial da composição do Conselho Federal de Educação, posteriormente realizada no Governo Itamar Franco.

Nos anos 1990, já sob a presidência de Fernando Henrique Cardoso, houve um incremento na capacidade global da rede de ensino superior devido a um processo radical de desregulamentação que abriu o sistema para investimentos privados locais. Isto resultou no estabelecimento de uma quantidade enorme de instituições de ensino superior privadas. Porém, tal expansão em número de vagas não se associou a uma melhor qualidade de ensino.

Universidade Nova: Textos Críticos e Esperançosos

Apesar da inédita estabilidade no Ministério da Educação, com oito anos de mandato do Professor Paulo Renato, os temas da reforma do ensino superior se fizeram presentes mais na retórica governamental do que em iniciativas concretas. Entre 1995 e 2000, o MEC divulgou uma série de documentos oficiais elaborados por equipes técnicas internas, sem maior ampliação dos debates. Nesses textos, esboçava-se uma proposta de desregulamentação do setor privado e reestruturação da universidade pública, legislando sobre a autonomia universitária e a governança das instituições federais de ensino superior.

De acordo com o MEC,

> [...] as reformas necessárias ligam-se às grandes questões da qualidade e da eficiência do sistema, englobando, entre outros, temas como autonomia universitária, avaliação e recredenciamento periódico, tecnologia nacional, interação com o governo para a formulação de políticas gerais, critérios para a escolha de dirigentes das IFES.

Argumentando que as IFES devem exercer plenamente o preceito constitucional que lhes concede autonomia, a retórica oficial do MEC pregava a necessidade de uma "reforma que as libere de suas amarras", propondo o Orçamento Global como instrumento dessa autonomia. Além disso, defendia o "estímulo" à captação de recursos complementares junto à iniciativa privada e outros organismos públicos. Por último, propunha que as universidades federais poderiam implementar dentro da sua autonomia uma política própria de pessoal, inclusive contratações, remunerações e demissões.

No plano concreto, visando implementar sua proposta de autonomia universitária, o governo FHC lançou mão de vários

Naomar de Almeida Filho

instrumentos jurídicos. Apoiou técnica e politicamente o substitutivo do Senador Darcy Ribeiro para a nova Lei de Diretrizes e Bases da Educação, aprovada no Senado Federal em 25 de outubro de 1995, como Lei n° 9394/96. Atuando diretamente, o MEC conseguiu aprovar a lei n° 9.192/95 (que regulamentou o processo de escolha dos dirigentes das IFES) e o exame de final de curso para os alunos de graduação, além de decretos, portarias e instruções normativas e propostas destinadas a regulamentar a autonomia universitária das instituições federais.

Tais medidas se revelaram inócuas, exceto a implantação do processo de avaliação e credenciamento destinado a programas de ensino de graduação (Lei n° 9.131/95). Esse processo incluía comissões de consultores visitantes, destinado a classificar escolas superiores, faculdades e universidades, bem como o Exame Nacional de Cursos (que se tornou conhecido como Provão), um teste de desempenho que pretendia ser semelhante ao GRE estadunidense. Os dados dessa avaliação deveriam ter sido empregados pelo Conselho Nacional de Educação (CNE) para conceder licenças renováveis para operação no país de cursos de graduação em faculdades e escolas isoladas. Ao enfrentar fortes resistências de diversos setores universitários, os pontos programáticos propostos pelo Ministério da Educação do governo FHC pouco avançaram no sentido de uma reestruturação do ensino superior no Brasil.

Parte IV – Reforma Universitária

MODELOS DE UNIVERSIDADE: NO MUNDO E NO BRASIL*

Texto 26

No mundo atual, destacam-se dois grandes modelos de arquitetura curricular e estrutura de gestão da universidade, referidos a blocos históricos distintos. De um lado, substrato ideológico, conceitual e tecnológico do sistema econômico e político mais poderoso na atualidade, e ao mesmo tempo sua resultante, vigora o modelo norte-americano (MNA) de educação superior (vou chamá-lo, com ironia a ser adiante esclarecida, de ALCA-demia). De outro lado, efeito do processo de criação de um espaço comum universitário através do chamado Processo de Bolonha, entre os países-membros da União Européia consolida-se o modelo unificado europeu (MUE).

---

* Seção inicial de palestra apresentada na Reunião sobre Perspectivas da Universidade do Mercosul, promovido pela SESu/MEC em Foz do Iguaçu, em 15/8/2006.

Universidade Nova: Textos Críticos e Esperançosos

O modelo norte-americano

O modelo acadêmico norte-americano, como vimos acima, tem uma história quase centenária. Consolidou-se nos Estados Unidos e expandiu-se, particularmente após a II Grande Guerra, ao continente asiático e à Oceania. Sua arquitetura curricular compreende dois níveis:

a) Pré-Graduação (em Inglês, *undergraduate*)

b) Graduação (*graduate*).

A Figura 1 apresenta de modo esquemático esta modalidade de estrutura curricular.

A Pré-Graduação é ministrada em unidades de educação superior de escopo geral, isoladas ou integradas em universidades, chamadas de *colleges*. Compreende cursos universitários de 4 anos, cobrindo conteúdos gerais e básicos, terminais, porém de caráter não-profissional. Os concluintes ganham títulos universitários plenos de Bacharel em Ciências, Artes ou Humanidades, com uma área principal de concentração de estudos chamada *Major*, podendo optar por uma área complementar, o *Minor*.

Os títulos obtidos no *College* são terminais, mas funcionam como pré-requisito e etapa prévia à entrada no segundo nível, a *Graduate School*. Trata-se aqui de programas de graduação profissional ou programas de estudos avançados para formação científica ou artística de pesquisadores e docentes do ensino superior. Os graus (por isso o nome *graduate*) de formação profissional são *Master* (tipo MBA, M.Ed., M.Psych, M.S.W., M.P.H. etc.) ou *Doctor* (D.L., M.D., Pharm.D.). O diploma específico da carreira profissional corresponde ao título de Mestrado (e, em poucos casos, ao de Doutorado). Os programas de graduação acadêmica concedem graus equivalentes, que se distinguem dos títulos profissionais porque constituem uma seqüência de duas etapas de formação, o mestrado (*Master of Sciences*, *Master of Arts* etc.) e o doutorado (*Philosophy Doctor*, o Ph.D.). Notem que este nível de formação equivale ao que se denomina de Pós-Graduação no continente europeu, na América Latina e no Brasil.

A Reforma Universitária de 1968 pretendia implantar no Brasil um modelo equivalente ao MNA. Como vimos, processos

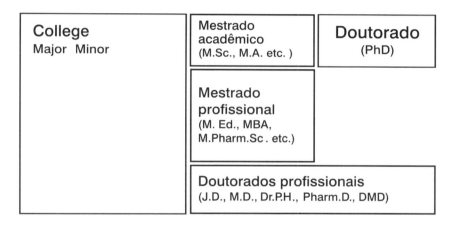

Figura 1 – Modelo norte-americano de arquitetura curricular

políticos e institucionais determinaram o fracasso da proposta, justamente por sua incapacidade de remover os arraigados modelos anteriores. Curiosamente, o que se conseguiu implementar como transformação efetiva no cenário da pós-graduação na universidade brasileira resulta de uma enorme (e inexplicável) incompreensão do modelo norte-americano, precisamente a fonte de sua incompatibilidade essencial frente

Universidade Nova: Textos Críticos e Esperançosos

ao sistema de educação superior europeu do século XIX, ainda hoje vigente no Brasil. Refiro-me à definição brasileira do Mestrado como pós-graduação, destinado à formação do docente para a educação universitária. Como vimos, o grau de Mestre no MNA significa uma de duas coisas: formação de carreira profissional ou transição para a formação na carreira acadêmica. Nesse modelo, não faz o menor sentido seqüenciar a graduação antes do mestrado simplesmente porque o mestrado é a graduação profissional.

O modelo unificado europeu

O modelo unificado europeu vem sendo implantado através do Processo de Bolonha, esforço de unificação dos sistemas de formação universitária da União Européia, visando à livre-circulação de força de trabalho especializada e bens de conhecimento entre os países-membros. A Declaração de Bolonha (1999), ratificada em sucessivas reuniões de consolidação em Praga (2001), Berlim (2003) e Bergen (2005), compreende programas de incentivo à mobilidade acadêmica internacional, um sistema de avaliação e credenciamento de instituições de ensino, a padronização e o compartilhamento de créditos acadêmicos e, fundamentalmente, a adoção de uma arquitetura curricular comum.

A Figura 2 representa de modo gráfico esquemático o modelo acadêmico proposto para as instituições européias de educação universitária; o MUE estrutura-se em três níveis:

a) Primeiro Ciclo. Trata-se de programas de estudos introdutórios aos níveis superiores de educação, com duração de 3 anos. Como o *college* norte-americano, não possuem caráter profissional, cobrem conteúdos gerais e básicos e são terminais. Os concluintes ganham títulos universitários plenos de Bacharel em Ciências, Artes ou Humanidades. Tais títulos constituem etapa prévia ao prosseguimento da formação profissional ou acadêmica no ciclo seguinte.

b) Segundo Ciclo. Compreende cursos profissionais, de certo modo preservando a tradição secular dos sistemas europeus de formação profissional superior, em especial as chamadas "profissões imperiais" (Medicina, Direito, Engenharias). O Processo de Bolonha introduz na Europa o conceito norte-americano de mestrado profissional, dirigido particularmente às novas profissões tecnológicas e de serviços. Além disso, compreende um elenco de mestrados acadêmicos de curta duração (1 a 2 anos), tomados como etapa prévia à formação de pesquisadores e docentes de nível superior no ciclo seguinte.

c) Terceiro Ciclo. Doutorados de pesquisa, com duração curta (3 anos) ou longa (4 anos), dirigidos às áreas básicas de pesquisa.

Ainda é precoce para se avaliar o impacto do Processo de Bolonha no cenário universitário internacional. O prazo de implantação fixado para 2010 parece insuficiente para a completa unificação de modelos, principalmente em função da enorme diversidade de formatos anteriormente existentes nos países da UE. Não obstante, já se registra o sucesso dos programas de mobilidade acadêmica (Erasmus etc.) e de intercâmbio científico entre instituições de conhecimento (Alban etc.) que agora utilizam critérios e parâmetros comuns de avaliação acadêmica. Do ponto de vista político, também se pode contabilizar avanços no Processo de Bolonha: de uma base original de 18 signatários, o protocolo já recebeu a adesão de 46 países, dentro e fora da UE.

Pode ser instrutivo, neste momento, uma comparação entre os dois modelos hegemônicos de arquitetura acadêmica. Por um lado, o MNA demonstra robustez institucional, sustentatibilidade e eficiência, testadas em quase um século de existência, legando ao mundo uma poderosa matriz intelectual e tecnológica. Deixa a desejar, no entanto, no cumprimento dos compromissos sociais e históricos da universidade, particularmente reafirmados nos movimentos sociais dos anos 1960, configurando-se cada vez mais como alternativa de abertura de mercados de produtos de conhecimento em vez de instituição promotora dos valores da cultura e da civilização. Por outro lado, a enorme diversidade de modelos de universidade e a tradição burocrática de muitos países europeus, notadamente aqueles situados na região mediterrânea,

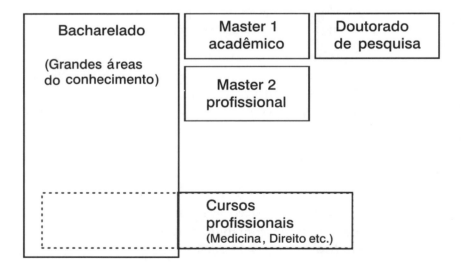

Figura 2 – Modelo unificado europeu (Processo de Bolonha)

certamente comprometeram a eficiência das suas instituições universitárias. Não obstante, a universidade européia tem confirmado a cultura universitária entre os valores da humanidade e a educação superior como direito dos cidadãos, sempre reforçando seu caráter de vetor da internacionalização. O elenco de propostas que configura a missão da universidade do Processo de Bolonha parece admitir tais debilidades e se mostra como uma alternativa de síntese entre os valores contemporâneos de eficiência e competência e os valores clássicos da excelência e do compromisso cultural.

O (não) modelo brasileiro atual

Vejamos agora, também com brevidade, os modelos de educação superior predominantes na América do Sul e no Brasil, em particular. A atual estrutura curricular da educação universitária brasileira resulta de:

a) Uma concepção fragmentadora do conhecimento, alienada da complexidade dos problemas da natureza, da sociedade, da história e da subjetividade humanas;

b) Modelos de formação baseados nas universidades européias do século XIX, totalmente superados em seus contextos de origem, como vimos anteriormente;

c) Reformas universitárias incompletas (ou frustradas), impostas pelos regimes militares nas décadas de 1960-1970 e absorvidas pelas elites nacionais;

Universidade Nova: Textos Críticos e Esperançosos

d) Um período de *laissez-faire*, com abertura de mercado e desregulamentação da educação universitária nos anos 1980-1990.

Tais fatores tornaram vigentes, nos diversos países latino-americanos e no Brasil em especial, matrizes curriculares bastante confusas e diversificadas, caracterizadas por múltiplas titulações, produzidas por meio de programas de formação com reduzido grau de interarticulação. A seguinte lista ilustra, mas não esgota, o profuso sistema de títulos e denominações correlatas entre nós vigente:

a) Licenciatura: trata-se de um título de origem ibérica, sendo atualmente empregado no Brasil para designar o grau profissional do docente de ensino médio e fundamental; apesar de usado na América Latina (Argentina, Uruguai, Paraguai), não encontra correspondência no glossário acadêmico de países desenvolvidos.

b) Bacharelado: originariamente *baccalaureat*, implicando o grau universitário de menor hierarquia no MNA e no atual MUE; no Brasil, no entanto, designa o título universitário específico de diversas carreiras profissionais, sendo emblemático o de Bacharel em Direito.

c) Habilitação: introduzido no Brasil após a LDB de 1961 como grau credenciador do exercício profissional em carreiras que não dispunham de regulamentação corporativa; foi sobremaneira vulgarizado durante a expansão desenfreada do setor privado de educação superior nos anos 1990; recentemente o MEC tem desautorizado a abertura de programas dessa modalidade.

d) Ênfase: acessória à habilitação, trata-se de denominação indicativa de especialização precoce por subárea profissional; equivaleria grosso modo ao *minor* da Pré-Graduação no MNA.

e) Diploma de tecnólogo: proposta apresentada durante o mandato do ministro Paulo Renato como alternativa para ampliação do chamado ensino pós-médio profissionalizante; não obteve a aceitação social esperada, apesar de profusamente adotado pelo setor privado de ensino.

f) Denominações profissionais diretas: alguns diplomas universitários brasileiros (por exemplo, médico, dentista) referem-se diretamente à profissão e não a graus ou títulos universitários; igualmente carecem de correspondência em modelos curriculares internacionais.

g) Mestrado acadêmico: grau universitário de pós-graduação, definido no Parecer Sucupira como simultaneamente habilitador e pré-requisito para a docência em nível universitário; como vimos, compõe a proverbial criatividade brasileira, configurando grave equívoco da Reforma de 1968, sem correspondência com o título de *Master* no MNA ou no MUE, nem com a *Maîtrise* no velho sistema francês, nem com o *Magister* no velho regime germânico.

h) Especialização: outro fruto da criatividade nacional, também chamada de pós-graduação lato senso, compreende cursos de formação complementar ou especializada após a obtenção do diploma de graduação.

i) Mestrado profissional: modalidade introduzida em 1996, com o objetivo de superar a esdrúxula dicotomia senso-lato e senso-estrito da pós-graduação brasileira; novamente trata-se de distorção do sentido internacional de uma titulação universitária, pois, tanto no MNA quanto no MUE, designa a formação de carreira profissional no nível de graduação.

Universidade Nova: Textos Críticos e Esperançosos

j) Doutorado: afinal um grau universitário com alguma equivalência entre o sistema de títulos nacional e seus congêneres no mundo; não obstante, tem sido definido como indicativo da formação do pesquisador.

A arquitetura acadêmica vigente no Brasil (ver Figura 3), além de incorporar tal profusão terminológica, evidencia sérios problemas de articulação. Pode-se identificar, nesse modelo de estrutura curricular, a seguinte série (não-exaustiva) de problemas a superar:

1. Excessiva precocidade nas escolhas de carreira profissional;

2. Seleção limitada, pontual e "traumática" para ingresso na graduação;

3. Elitização da educação universitária;

4. Viés monodisciplinar na graduação, com currículos estreitos e bitolados;

5. Enorme fosso entre graduação e pós-graduação;

6. Incompatibilidade quase completa com modelos de arquitetura acadêmica vigentes em outras realidades universitárias, especialmente de países desenvolvidos, conforme revisado antes.

De fato, no Brasil, os jovens tomam a decisão de carreira profissional de nível universitário muito cedo, aos 16 ou 17 anos. O ingresso direto aos cursos profissionais através de um exame como o vestibular, desenhado para selecionar alunos portadores de conhecimento (ou memorizadores de informações), permite à universidade, de certa forma, se desresponsabilizar pela formação básica desses alunos. Esse é um modelo que foi usado na França, depois da reforma da educação de Napoleão III em meados do

Século XIX, com a implantação de um fortíssimo núcleo de educação preparatória chamado *Lycée*, equivalente ao Ensino Médio brasileiro. Nos diversos sistemas universitários europeus, os alunos também tinham uma formação prévia de base humanística muito elitizada. Por outro lado, apenas cinco profissões estavam formalizadas naquela época, com núcleos de conhecimentos e competências reduzidos em número e em grau de complexidade. Nessas condições, os jovens podiam entrar na universidade numa fase mais precoce de suas vidas. Hoje, isso já foi superado. A ciência, a tecnologia, a cultura, tudo enfim é muito mais complexo.

Nos Estados Unidos, a educação secundária é conhecida por ser mais fraca e tolerante que o nosso padrão e isto é verdade. Por esse motivo, o aluno norte-americano entra na universidade para um período de formação propedêutica, no *college*, como vimos acima.

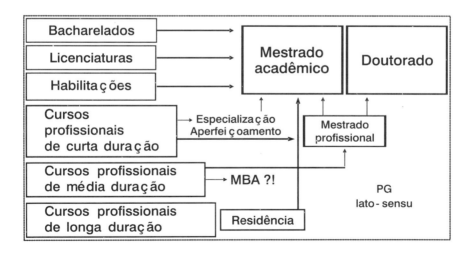

Figura 3 – Modelo brasileiro atual de arquitetura curricular

Universidade Nova: Textos Críticos e Esperançosos

Na mistura de modelos acadêmicos de nossa educação superior, esse período de formação geral foi perdido. Não mantivemos a formação geral do Liceu, nem conseguimos realizar uma reforma universitária que tenha logrado trazer para dentro da universidade a necessária formação humanística.

Se, nesse momento crucial da globalização, não aproveitarmos a chance de criar um novo sistema de educação universitária e articulá-lo com o que é dominante no mundo, o Brasil vai ficar isolado no que se refere a formação profissional, científica e cultural. Se não transformarmos radicalmente nosso modelo de educação superior, seremos, em 2010, o único país com algum grau de desenvolvimento industrial ainda com um sistema de educação universitária do século XIX. Como todos os outros já se encontram no século XXI, isso será insuportável para a manutenção do desenvolvimento do nosso país.

Em suma, qualquer proposta de uma nova estrutura acadêmica para a Universidade brasileira deve buscar superar os problemas apontados, resultando em um modelo capaz de integrar os diversos sistemas de títulos existentes. Tal proposta será de preferência compatível com modelos vigentes nos espaços universitários internacionais, em especial o Processo de Bolonha, sem, no entanto, significar submissão a nenhum deles.

SOBRE A REFORMA UNIVERSITÁRIA: PROPOSTA DE SISTEMATIZAÇÃO DO DEBATE[*]

Texto 27

Com a ascensão de Luis Inácio Lula da Silva à Presidência da República em 2003, o tema Reforma Universitária voltou à pauta de discussões, tornando-se uma das metas do Ministério da Educação para o quadriênio. Apesar disso, somente ao final daquele ano, aparentemente por iniciativa da Casa Civil (ver Texto 23), pretendendo acelerar um processo que estaria secundarizado no programa do ministro Cristóvam Buarque, registra-se um primeiro movimento de abertura de discussões sobre o tema reforma universitária. Emérito intelectual, autor de artigos e livros sobre a universidade, Buarque paradoxalmente relutava em considerar educação universitária como prioridade política.

No ano de 2004, a universidade brasileira finalmente começou a enfrentar o fantasma da sua Reforma. O ano abriu com um episódio inédito e curioso. Um dos mais experientes membros do partido do

---

[*] Texto inédito, escrito em maio de 2004, atualizado em julho de 2006.

Universidade Nova: Textos Críticos e Esperançosos

governo, o advogado Tarso Genro, foi designado Ministro de Estado da Educação com a missão precisa e explícita de realizar a Reforma Universitária, paradoxalmente por não ter vínculos pessoais com instituições universitárias.

Obedecendo a seu próprio cronograma, em meados do ano, o governo federal trouxe a público uma proposta de reforma universitária, na verdade uma lista de tópicos pouco articulados e carentes de definição que tomavam a instituição pública como alvo prioritário. Isso ocorreu certamente por razões estratégicas, indisfarçáveis na medida em que, naquele ano, havia consenso sobre a ausência de condições políticas para se investir em reformas mais fundamentais, como a reforma do judiciário, a reforma política ou a reforma trabalhista, visando à reestruturação normativa crucial para transformar a sociedade brasileira.

Disse acima, e pretendo agora justificar, que a Reforma Universitária tem sido um fantasma que assombra a universidade pública brasileira. Como vimos, a proposta de reforma educacional de Anísio Teixeira, gestada na conjuntura desenvolvimentista do Governo Juscelino, foi abortada pelo Golpe de 1964. Da reforma universitária possível no bojo daquela ousada proposta, restou apenas o projeto-sonho da Universidade de Brasília, distorcido academicamente e reprimido politicamente. A Reforma Universitária de 1968, resultante do Acordo MEC-USAID, por sua vez, resultou enviesada e parcial. Terminou implementando na estrutura da universidade brasileira um padrão difícil de explicar em qualquer plano racional: logrou superpor – sem integrar – um modelo novo ao modelo antigo (e sem removê-lo)!

A velha universidade lusitana, com pitadas da cátedra franco-germânica, conseguiu sobreviver, qual um espírito obsessor, entranhada na estrutura departamental das instituições públicas de ensino superior. Nem a novidade da pós-graduação, implantada nos anos 1970 como um dos poucos efeitos construtivos daquela reforma, pode ser considerada fora dessa estrutura fantasmática.

Em 2004, o espectro voltou a assombrar. Nunca se falou ou se escreveu tanto sobre reforma universitária neste país. Governo, sindicatos de servidores públicos e de docentes, movimentos estudantis, academias, organizações da sociedade civil, *lobbies* do ensino privado, todos se posicionaram como interlocutores no anunciado processo de reforma. Panfletos, folhetos, propostas, projetos, artigos de opinião serviram de subsídio para grupos de trabalho, forças-tarefa, comissões que organizaram seminários, debates, assembléias, audiências públicas chamadas oitivas (curioso resgate semântico). Princípios e posições, para variar, eram formulados e defendidos de modo apaixonado, deixando pouco espaço para avaliações mais analíticas e de maior rigor acadêmico da suposta crise da universidade.

A tudo isso, agregava-se uma surpreendente desinformação sobre a evolução histórica da instituição universitária, sobre os modelos de universidade vigentes no mundo e sobre o assunto da reforma em-si, como se reestruturar essa peculiar instituição social fosse de algum modo novidade histórica ou pioneirismo nacional. Não é nem uma coisa nem outra. Por isso, precisamos compreender alguns aspectos históricos da universidade e suas reformas no mundo ocidental, após o advento da modernidade e, particularmente no Brasil, na segunda metade do século XX.

Reforma universitária é sem sombra de dúvida tema complexo. A profusão de questões, a desinformação obscurantista, o oportunismo político, a inconsistência de pontos de vista e o debate acalorado infelizmente pouco têm contribuído para a geração de propostas conseqüentes, justificadas e factíveis.

Universidade Nova: Textos Críticos e Esperançosos

Ao defender esse ponto de vista, em primeiro lugar vou inevitavelmente contestar o discurso dos militantes políticos, que tentaram aproveitar o delicado momento para alçar outras bandeiras de transformação social, algumas inegavelmente necessárias e justas, porém deslocadas de foco. Alguns dos que tanto discutem sobre o tema simplesmente se têm negado a considerar a mera possibilidade de reestruturar a instituição universitária, alegando que reforma universitária sempre fez parte dos projetos de dominação ideológica e econômica do imperialismo capitalista.

Nos inflamados discursos de lideranças sindicais, principalmente docentes, encontrei afirmações que beiram o *nonsense* lingüístico e retórico, como "precisamos fazer uma contra-reforma para enfrentar a reforma universitária do Governo". Como se contra-reforma fosse por definição um movimento progressista, tentaram fazer crer que, do tempo e do regime dos ditadores generais até o momento atual de estabilidade institucional e democracia, nada mudou no país. Como se já não bastasse o espectro hamletiano da reforma, pretendiam evocar o fantasma alienígena da finada USAID (agora ressuscitado como ALCA, Banco Mundial, FMI) sem revelar a mínima intenção ou capacidade para exorcizá-lo de modo permanente e competente.

Em segundo lugar, sou forçado também a confrontar o discurso de alguns intelectuais que se posicionam contra a reforma universitária. De fato, alguns que tanto escrevem sobre o tema parecem incapazes de desenredar-se do novelo que eles mesmos continuam a tecer, mistificando e confundindo o próprio conceito de "reforma universitária". Respeitáveis figuras do maior porte acadêmico, intelectuais reconhecidos por valiosas contribuições aos seus respectivos campos de conhecimento, têm produzido sedutores

Naomar de Almeida Filho

(e enganadores) discursos sobre a universidade e sua reforma onde apresentam como realidade formações institucionais subsidiárias de suas próprias ideologias.

Assim, alimentam e fazem circular curiosas mitologias (como por exemplo, uma noção idealista e ingênua de autonomia) sobre a instituição universitária. Visando superar essa teia imaginária, numa abordagem comprometida com uma perspectiva assumidamente pragmática de reforma da instituição universitária, proponho avaliar criticamente alguns dos princípios e quadros de referência teórica e ideológica que sustentam conceitos e preconceitos sobre a universidade no mundo de hoje.

Em terceiro lugar, devo sem dúvida confrontar o discurso da burocracia estatal manifesto em propostas por eles designadas como reforma universitária, mas que, rigorosamente, não podem ser reconhecidas como tal. Principalmente nas arenas oficiais de discussão da matéria, observo certa cegueira dos que se pretendem formuladores de questões e propostas de reforma.

Aparentemente por cautela política e considerando – em minha opinião, erroneamente – que os temas acadêmicos da reforma seriam necessariamente internos à instituição universitária, terminam "verticalmente" privilegiando uma das várias vertentes da questão, principalmente financiamento. Dessa forma, deixam de trazer amplitude e transparência para o debate sobre o quê, de fato, significa reformar (ou refazer ou recriar ou reestruturar ou reinventar) a universidade brasileira.

Minha posição, em certa medida radical, é que autonomia e financiamento não são genuinamente questões da reforma universitária. A hipótese imediatamente derivada deste posicionamento é que tais temas vêm assumindo uma posição central no debate apenas porque alguns dos proponentes de

Parte IV – Reforma Universitária

Universidade Nova: Textos Críticos e Esperançosos

mudanças na universidade brasileira não têm uma idéia suficientemente clara do que seja justamente... reforma universitária.

Após três anos de debates e várias versões preliminares, em agosto de 2006 finalmente o Governo Federal encaminhou à Casa Civil o Projeto de Lei da Reforma do Ensino Superior (PL 7.200/2006). Vários temas nele incluídos, tecnicamente, configuram mais uma proposta de reestruturação administrativa de IES e do marco jurídico do MEC. Entre eles, destacam-se: ente jurídico especial chamado "universidade"; estrutura institucional garantindo a primazia do âmbito acadêmico; marco regulatório, em especial para o setor privado; sistema de financiamento, com a subvinculação das verbas de custeio das universidades federais. Apesar dos avanços, os seguintes pontos precisam ser incluídos na atual Reforma da Educação Superior, por indicarem flagrantes omissões ou pontos débeis na proposta em estudo no Congresso Nacional:

1. Maior abertura à sociedade;

2. Efetiva integração entre Graduação e Pós-Graduação;

3. Clareza nas regras de controle de qualidade;

4. Autonomia administrativa e financeira;

5. Arquitetura acadêmica.

Os dois últimos itens representam importante lacuna no PL da Reforma, justificando largamente propostas de reestruturação da arquitetura curricular e de gestão da educação universitária no Brasil.

Reforma Universitária de fato significa reestruturação daquilo que define essa peculiar instituição que as sociedades ocidentais modernas decidiram chamar de universidade. Trata de transformação

Naomar de Almeida Filho

profunda, radical, geral e completa, a fim de dotá-la de plena sustentabilidade pedagógica e operacional, capacitando-a a cumprir sua missão intelectual, cultural e social (SANTOS, 1995; 2005). Este sentido do termo 'reforma' implica necessariamente rever e atualizar:

a) arquitetura acadêmica;

b) estrutura organizacional;

c) modelo de política institucional (governança);

d) modelo de gestão.

Infelizmente, nada disso tem sido feito. Por um lado, os gestores de universidades públicas, individualmente ou organizados de modo corporativo, mostram-se satisfeitos com os acenos de solução normativa para os temas de autonomia e financiamento. Por outro lado, face aos obstáculos postos a torto e a direito (ou será à esquerda e à direita?) pelos ruidosos cruzados anti-FMI/ALCA/Lula e pelo poderoso *lobby* do setor privado de ensino superior, a versão final do Projeto de Lei da Reforma Universitária terminou recuado em relação à segunda versão, que já implicava retrocessos em relação à primeira minuta que, por sua vez, excluía vários elementos avançados do documento Diretrizes do MEC.

Como membro crítico e consciente da comunidade universitária, não posso nem devo acreditar em donos da verdade nem respeitar monopólios de transparência e clareza. Portanto, ao contestar sem hesitação o niilismo militante, a enganação intelectualista e o imediatismo burocrático de algumas vozes desse debate, não o faço com a pretensão de contrapropor um discurso alternativo igualmente totalitário, simétrico e espelhado, pronto a

Universidade Nova: Textos Críticos e Esperançosos

identificar os verdadeiros problemas e apontar soluções mágicas para a necessária recuperação da sofrida universidade brasileira.

Minha intenção é outra. Gostaria que pudéssemos contribuir para ampliar a discussão na sociedade sobre a reforma universitária, expondo os elementos centrais dessa complexa problemática a uma audiência maior, levando o debate para fora das instituições universitárias e das organizações correlatas. Penso que podemos fazê-lo do modo mais objetivo possível, explicitando os principais dilemas práticos e conceituais que desafiam tanto formuladores e executores da reforma quanto seus críticos.

Nessa matéria, de uma única coisa tenho algum grau de certeza: a superação da crise da universidade brasileira mediante a reforma profunda das instituições acadêmicas é condição absolutamente necessária para a retomada do desenvolvimento econômico e social sustentado e para a construção de um projeto viável de nação neste país, neste século.

CONTRA A ALCA-DEMIA*

Texto 28

Recentemente, universidades e instituições tecnológicas estabelecidas em países do Norte começam a produzir ensino superior em massa como se fora uma mercadoria para exportação. Enquanto os seus produtos tecnológicos e culturais afogam nações em desenvolvimento, tomados como meros mercados consumidores cujo destino é pagar *royalties* e remeter lucros, direitos de propriedade intelectual protegem conhecimento e produção artística de países industrializados. Em tal cenário, precisamos construir um tipo diferente de internacionalismo acadêmico, longe dos usos atuais da ciência & tecnologia e da arte & cultura como dispositivos de distanciamento social e político entre países, culturas e povos.

Proponho neste curto ensaio discutir algumas questões críticas relativas ao internacionalismo acadêmico e à maré de privatização que tem golpeado os sistemas universitários de muitos países, com a esperança de que a internacionalização do ensino superior pode

---

* Texto apresentado na *International Annual Conference* da *Canadian Association for Graduate Studies* (CAGS), realizada em Toronto, 2-6 nov. 2005. O título original foi: *Current trends for international mobility in higher education.*

Universidade Nova: Textos Críticos e Esperançosos

ser um caminho para o desenvolvimento social com justiça e bem-estar em vez de instrumento político e ideológico utilizado para abrir novos mercados econômicos.

Em sua história recente, a universidade de pesquisa científico-tecnológica promoveu o desenvolvimento de redes acadêmicas para difusão e credenciamento de seus produtos de conhecimento. Tais redes, ultimamente reforçadas pelas novas tecnologias de informação, foram largamente usadas como base para a expansão ampliada desse modelo.

Detectamos uma tendência atual de desdobramento do paradigma da universidade de pesquisa. Trata-se do modelo de universidade corporativa, principalmente nas áreas de gestão e tecnologia, onde a instituição universitária opera essencialmente como um empreendimento comercial.

Boaventura Santos (2005) identifica dois níveis nesse processo de mercantilização do ensino superior. O primeiro nível consiste em induzir a universidade pública a ultrapassar sua crise financeira mediante a geração de receitas próprias, através de parcerias com o capital industrial. "Neste nível, a universidade pública mantém a sua autonomia e a sua especificidade institucional, privatizando parte dos serviços que presta".

O segundo nível consiste em

> eliminar tendencialmente a distinção entre universidade pública e universidade privada, transformando a universidade, no seu conjunto, numa empresa, uma entidade que não produz apenas para o mercado, mas que se produz a si mesma como mercado, como mercado de gestão universitária, de planos de estudo, de certificação, de formação de docentes, de avaliação de docentes e estudantes.

Os pressupostos fundamentais deste modelo são três:

a) a sociedade é um mercado,

b) o ensino superior pode ser tratado como uma mercadoria,

c) a função institucional principal da universidade pode muito bem ser a produção de diplomas e patentes.

Nenhuma surpresa que tal modelo tenha surgido nos EUA, onde o imaginário social mostra-se individualista e competitivo e o sistema universitário é quase que totalmente privado. Por esse motivo, em um cenário de agressiva expansão internacional, este modelo ameaça particularmente sociedades onde o sistema universitário é principalmente público ou operado pelo Estado. Um suposto fundamental do modelo universitário corporativo é que o ensino superior pode ser tratado como uma *commodity* e, como tal, seria destinado à exportação. Isso poderia explicar a agressividade do negócio da educação superior no que concerne à internacionalização do ensino universitário. Recentemente, ocorreram fortes pressões para incluir o ensino superior nos acordos comerciais de constituição de blocos econômicos multilaterais como NAFTA e ALCA.

Eu gostaria de sustentar a posição de que se trata de uma suposição errada: o ensino superior não é uma mercadoria. A educação universitária cultiva, porta e transmite valores ideológicos, científicos, estéticos e culturais que não se subordinam aos processos de estandardização típicos de bens e produtos industriais. Mas, só para esclarecer o argumento, consideremos tal suposição como aceitável. Neste caso, qualquer pessoa poderia trazer as mesmas objeções que normalmente são levantadas para criticar a postura imperial dos países dito desenvolvidos ao negociar termos de comércio internacional.

Universidade Nova: Textos Críticos e Esperançosos

Já se tornou largamente consensual a idéia de que livre-troca no plano econômico é tão mítica quanto o conceito do livre-arbítrio no plano jurídico. Poderia o intercâmbio acadêmico, científico e tecnológico ser um exemplo de livre-comércio? Minha resposta é simples: muito menos ainda. Mais até do que proteger seus mercados, os países ricos estão dispostos a defender com unhas e dentes suas fontes de conhecimento na medida em que vendem informação a altíssimos preços sob a forma de valor agregado a serviços, tecnologias e produtos.

A universidade é um bem público intimamente ligado a projetos nacionais, como nos adverte Boaventura Santos (2005). A viabilidade e os sentidos político e cultural de projetos nacionais emancipatórios dependem da capacidade de cada país ou blocos de países negociar de forma qualificada a inserção do ensino superior nos contextos da globalização.

Precisamos avaliar as opções históricas possíveis neste momento, posto que os blocos político-econômicos já se definem: NAFTA, ALCA, União Européia, novos *players* como Mercosul, novas propostas como G-4 (Brasil, África do Sul, Índia e China). Já em curso, definem-se também os blocos de hegemonia intelectual correspondentes nas esferas do ensino superior e da produção cultural. Tais blocos, aliás, já têm um nome, cunhado pelos intelectuais orgânicos do internacionalismo acadêmico da OCDE: "espaços universitários comuns".

Nesse contexto, temos que levar a sério a ameaça de qualquer proposta mercantilizadora transnacional de educação superior, sem vínculos e sem fronteiras. Para isso, devemos avaliar com realismo crítico nossas possibilidades, a fim de reforçar nossa capacidade de enfrentar os imperialismos atuais com estratégias viáveis de sucesso, que não sejam somente bandeiras da resistência ideológica e política, fadadas a sucumbir frente ao poderio mercantil das novas economias.

De fato, os modelos herdados de universidade podem não se ajustar bem aos novos papéis impostos pela transformação cada vez mais rápida da sociedade contemporânea, particularmente a desenfreada massificação e globalização dos bens tecnológicos e culturais. Entretanto, em vez de passivamente aceitar a resposta do mercado, como, por exemplo, o modelo de universidade corporativa (que, não sem pouca ironia, propus chamar de ALCA-demia), devemos debater e construir um projeto diferente de universidade, devemos construir a *Universidade Nova*.

Nesse sentido, começaria por dizer que o projeto de uma *Universidade Nova* deve ser verdadeiramente internacional, o que significa estar sempre a transpor as fronteiras geopolíticas. Isto implica reconciliar a antinomia local *versus* global, o que em si já é assunto bastante complexo. Para considerar melhor a complexidade deste tema, acrescentaria que nada no mundo seria no fim das contas puramente local ou totalmente global. Somos todos simultaneamente locais e globais.

Podemos refletir sobre isto a partir do nosso nível pessoal. Na Bahia, somos locais, mas, em qualquer outro lugar do mundo, ou falando com qualquer interlocutor em outras localidades, somos globais. Todos os que estão agora lendo este texto são globais, mas quando voltam ao cotidiano de suas casas, escritórios, salas de aula e laboratórios tornam-se locais. Ainda assim, em meio a tão complexo *role-playing*, como possivelmente poderíamos superar a contradição entre local e global? Duas respostas possíveis. Por um lado, reafirmando os compromissos da universidade com os temas da competência radical e da excelência acadêmica. Isto implica investirmos, como sujeitos individuais e coletivos, cada vez mais

Universidade Nova: Textos Críticos e Esperançosos

na penetração, infiltração, ocupação e participação nos circuitos mundiais de produção e circulação do conhecimento e da cultura. Por outro lado, devemos exercitar o enorme potencial de troca e compartilhamento entre instituições, mesmo quando separadas por contextos geográficos, bases culturais, situações políticas e condições sociais bastante diversos.

Até aqui, desenvolvi o argumento da contradição local-global aplicando-o à troca individual, embora esteja claro que a arena da sua superação se constitui na esfera social de política institucional. No plano universitário, nesses termos e com base nas tendências apontadas acima, antecipamos um confronto entre a universidade corporativa e um novo modelo de instituição universitária, ainda em construção. Esse embate dar-se-á simultaneamente nas esferas locais e internacionais.

Por esse motivo, para viabilizar o projeto de uma *Universidade Nova*, precisamos de uma reestruturação profunda e radical na arquitetura acadêmica da educação universitária brasileira, qualificando-a para os embates da inevitável transnacionalização do mundo. Nisso estamos de acordo com Santos (2005):

> No caso da universidade e da educação em geral, essa qualificação é a condição necessária para não transformar a negociação em acto de rendição e, com ele, o fim da universidade tal como a conhecemos. Só não haverá rendição se houver condições para uma globalização solidária e cooperativa da universidade.

Creio que esse novo modelo de universidade, a *Universidade Nova*, internacionalizada de certo modo (do nosso modo), poderá resultar do intercâmbio entre a rede universitária brasileira (e latino-americana) e a matriz intelectual e cultural do continente europeu, atualizada e fortalecida pelo Processo de Bolonha. Vamos conectar em rede as instituições de conhecimento européias e brasileiras, com um animado e profícuo trânsito atlântico de docentes, pesquisadores, estudantes e gestores universitários, trazendo muitas novidades para dentro do campus universitário. Dessa forma, poderemos intensificar as trocas acadêmicas e o intercâmbio científico, tecnológico, artístico e cultural.

Precisamos renovar a universidade como estratégia de ação política e transformação social. A *Universidade Nova* será reconfigurada como instituição de criação e produção crítica do conhecimento humano, em vez de uma instituição para elitismo e exclusão social como tem sido durante quase mil anos. Assim, poderemos resgatar o ensino superior e a produção criativa de tecnociência e da arte & cultura como potencial articulador tecnológico e estético (e também econômico) da criação de redes de solidariedade intercultural. A universidade terá enfim uma chance de se tornar instrumento para a integração social e cultural entre povos e nações, firmemente comprometida com seu ideário original de justiça, eqüidade e paz.

EPÍLOGO – PROTOPIA
UNIVERSIDADE NOVA:
NEM HARVARD NEM BOLONHA

Nos textos centrais da última seção deste livro, critiquei duramente a atual estrutura curricular da educação universitária brasileira, identificando a origem dos seus modelos de formação nas universidades européias do século XIX, principalmente nas escolas superiores francesas e nas instituições lusitanas, herdeiras tardias da universidade escolástica. As estruturas acadêmicas e institucionais das universidades brasileiras muito sofreram com a reforma universitária imposta pelo governo militar no final dos anos 1960, ainda hoje questionada por seus efeitos deletérios sobre a educação superior. Depois, nos anos 1990, tivemos um período de quase total desregulamentação da educação superior e abertura de mercado ao setor privado de ensino.

Resultado: a universidade brasileira terminou dominada por um poderoso viés profissionalizante, com uma concepção curricular simplista, fragmentadora e distanciada dos saberes e das práticas de transformação da sociedade.

Tais fatores tornaram vigente em nosso país uma arquitetura de formação universitária bastante confusa, talvez sem similar no

Universidade Nova: Textos Críticos e Esperançosos

mundo, caracterizada por múltiplas titulações, numerosas designações, produzidas em programas com reduzido grau de articulação. Os programas das carreiras profissionais mostram-se cada vez mais estreitos, bitolados, com pouca flexibilidade e criatividade, distanciado das demandas da sociedade, e longe, mas muito longe mesmo, de cumprir o mandato histórico da Universidade como formadora da inteligência e da cultura nacional. Algumas reações a este indesejável cenário têm acontecido em dois planos.

No plano nacional, registro o processo de debates entre os dirigentes da rede federal de educação superior, que culminou com um documento intitulado *Proposta da ANDIFES para a reestruturação da educação superior no Brasil* (ANDIFES, 2004). Além de apresentar proposições sobre autonomia, financiamento e política de recursos humanos para o sistema federal de ensino superior, este documento explicitava, dentre suas estratégias:

- Promover as alterações que se fizerem necessárias no ensino de Graduação e Pós-Graduação, de modo a garantir aos estudantes a condição de formação cidadã, com ênfase nos valores éticos e cívicos que devem orientar a vida numa sociedade justa e democrática.

- Revisar os currículos e projetos acadêmicos para flexibilizar e racionalizar a formação profissional, bem como proporcionar aos estudantes experiências multi e interdisciplinares, formação humanista e alta capacidade crítica.

Nos planos locais, destacaria uma proposta rejeitada e dois experimentos em curso. A proposta foi a do Bacharelado em Humanidades, apresentada por Renato Janine Ribeiro à Universidade de São Paulo, que alcançou notoriedade não por seus inegáveis méritos de conteúdo e oportunidade histórica, mas por ter sido rechaçada justamente pela instituição universitária de maior prestígio nacional (RIBEIRO, 2003).

Um dos experimentos surgiu no setor privado de ensino: o Curso de Administração de Empresas da Faculdade Pitágoras. A partir de 2004, esse curso passou a ser composto de um ciclo básico, fortemente concentrado em estudos clássicos inspirados no programa dos *liberal arts colleges* dos EUA, com um núcleo propedêutico antecedendo o ciclo profissional (CASTRO, 2002).

O outro experimento é recente: a inovadora arquitetura curricular da Universidade Federal do ABC, inaugurada em 2005, na Grande São Paulo. Trata-se de uma universidade tecnológica, onde os alunos são selecionados para um programa inicial de Bacharelado em Ciência e Tecnologia, pré-requisito que antecede a formação de Licenciatura em áreas básicas (Biologia, Física, Matemática, Química e Computação) e Engenharias.

Apesar dos problemas acarretados pelo pioneirismo de suas propostas, tais experimentos têm mostrado inegável viabilidade. Entretanto, para cumprir o desiderato acima apontado, precisamos de maior abrangência e radicalidade na transformação de todo o sistema de educação universitária no Brasil. É necessário avançar para além de experimentos, até porque projetos isolados podem ser facilmente absorvidos como vanguardismo por um *status quo* impenetrável e robusto, tolerados precisamente por demonstrarem a suposta capacidade de inovação de um sistema que é, de fato, conservador.

* * *

Hoje, a universidade pública brasileira encontra-se num momento privilegiado, tanto em termos de conjuntura externa

Universidade Nova: Textos Críticos e Esperançosos

quanto de conjuntura interna, para consolidar, ampliar e aprofundar processos de transformação já em curso. Disso estou convencido ao avaliar contexto e condições atuais da nossa Universidade Federal da Bahia.

Os Conselhos Superiores da UFBA, atendendo a um dos itens da pauta local da greve estudantil de 2004 (ver Texto 16), já haviam anteriormente deliberado iniciar um processo de profunda revisão da estrutura, função e compromisso social da nossa universidade, visando pensar seu futuro enquanto instituição. Durante o ano de 2005, algumas iniciativas foram tomadas nesse sentido, como a apresentação de estudos preliminares do Plano Diretor, mas infelizmente, foram bloqueadas pela reação de algumas unidades (ver Texto 5).

Quando postulamos a reeleição para a Reitoria da UFBA, construímos um novo programa de trabalho realçando o tema da reestruturação curricular. Com toda clareza, declaramos a intenção de buscar fomentar em nossa instituição uma reforma universitária verdadeira, aquela que deve ocorrer no plano da educação, e não tímidas e hesitantes proposições de viabilização financeira e rearranjo institucional, nos planos normativo e administrativo. Em nosso programa, constava um item que, parafraseando a Escola Nova de Anísio Teixeira, chamamos de Projeto UFBA Nova, com os seguintes tópicos:

■ abertura de programas de cursos experimentais e interdisciplinares de graduação, que poderiam ser não-profissionalizantes ou não-temáticos, com projetos pedagógicos inovadores, em grandes áreas do conhecimento: Humanidades, Ciências Moleculares, Tecnologias, Saúde, Meio Ambiente, Artes.

Epílogo – Protopia
Naomar de Almeida Filho

■ consolidar programas de renovação do ensino de graduação, por meio de projetos acadêmico-pedagógicos criativos e consistentes, reduzindo as barreiras entre os níveis de ensino como, por exemplo, oferta de currículos integrados de graduação e pós-graduação.

■ incentivar reformas curriculares naqueles cursos que ainda não apresentaram propostas de atualização do ensino de graduação.

Empossado em segundo mandato, já nas primeiras reuniões dos Conselhos Superiores propus retomar e ampliar as discussões sobre a revisão do Plano de Desenvolvimento Institucional; ambos os conselhos aprovaram por unanimidade nossa moção. Com esse intento, uma comissão bicameral, com a participação de dirigentes, docentes, servidores técnico-administrativos e representantes discentes foi designada para planejar e organizar o processo de discussão. Em seus trabalhos preliminares, a Comissão propôs pauta e estratégia de organização, incluindo cronograma que contemplava a promoção de seminários conceituais e temáticos, congressos internos nas unidades e uma instância geral de debates. Na pauta proposta, aprovada pelos Conselhos Superiores, destaca-se o item Arquitetura Acadêmica como uma das prioridades no processo de repensar a Universidade.

Convidei para dialogar alguns docentes e pesquisadores, aqueles cujo interesse por temas de vanguarda acadêmica eu conhecia, em especial sobre questões filosóficas e metodológicas relacionadas à interdisciplinaridade. Inicialmente, reuníamos representantes de áreas de conhecimento afins, porém logo começamos a misturar origens institucionais, epistemológicas e paradigmáticas, em grupos gerais de discussão. Em paralelo, uma equipe técnica da Pró-Reitoria de Ensino de Graduação, com a

Universidade Nova: Textos Críticos e Esperançosos

colaboração de um grupo de trabalho *ad-hoc* designado pela Reitoria, dedicou-se a avaliar aspectos pedagógicos e operacionais da proposta, bem como seu marco legal.

Enfim, o projeto UFBA Nova começou a tomar forma e deixou de ser uma boa intenção num documento retórico de política institucional. Em setembro de 2006, foi apresentado formalmente ao Conselho Superior de Ensino, Pesquisa e Extensão e ao Conselho Universitário, órgãos máximos de deliberação da UFBA, que determinaram à nossa equipe levar a proposta às unidades, incluindo-a como parte do processo de discussão do PDI. Antes de descrevê-lo com algum grau de detalhamento, preciso ainda contar como o projeto UFBA Nova tornou-se *Universidade Nova*.

Nos informes de uma Reunião da ANDIFES, realizada em Recife como parte das comemorações dos sessenta anos da Universidade Federal de Pernambuco, comuniquei ao Conselho Pleno o andamento do nosso projeto. A acolhida foi calorosa, com vários reitores se posicionando como parceiros em potencial. Apresentamos esboços da proposta à Secretaria de Ensino Superior do MEC que, de imediato, interessou-se e convidou-nos a uma oficina de trabalho para colaborar na discussão do projeto da Universidade do Mercosul. Retornei à ANDIFES, na Pauta regular, para apresentar em maior detalhe a proposta, já com a nova denominação. Vários colegas reitores de universidades federais decidiram se engajar em uma rede de discussão e acompanhamento do projeto, com grupos de trabalho e seminários locais e nacionais.

Neste texto, apresento uma súmula do projeto *Universidade Nova*, no seu formato mais atual, resultante da construção técnica interna e externa à UFBA, porém ainda preliminar, aberto a contribuições, ampliações e desdobramentos. Além disso, faço um balanço das discussões com estudantes, docentes e servidores, além

Epílogo – Protopia
Naomar de Almeida Filho

de cidadãos e cidadãs mobilizados pela necessidade de transformação da universidade, que participaram das mais de cinqüenta apresentações, audiências públicas, debates, reuniões de trabalho. Isto tudo significou decisiva ampliação do escopo original da proposta, honrando ainda mais sua inspiração anisiana, creditada e justificada na seqüência final do texto.

* * *

A proposta hoje denominada de *Universidade Nova* aponta para uma transformação radical da atual arquitetura acadêmica da universidade brasileira, visando superar desafios e corrigir alguns dos defeitos aqui analisados. As principais alterações na estrutura curricular postuladas no projeto encontram-se esquematizadas na Figura 4. Em termos de arquitetura acadêmica, trata-se da implantação de um regime de três ciclos de educação universitária:

Primeiro Ciclo: Bacharelados Interdisciplinares (BI), propiciando formação universitária geral, como pré-requisito para progressão aos ciclos seguintes;

Segundo Ciclo: Formação profissional em licenciaturas ou carreiras específicas;

Terceiro Ciclo: Formação acadêmica, científica ou artística, de pós-graduação.

A introdução do regime de ciclos implicará ajuste da estrutura curricular tanto dos cursos de formação profissional quanto da pós-graduação. Além disso, novas modalidades de processo seletivo serão necessárias, tanto para o primeiro ciclo quanto para as opções de prosseguimento da formação universitária posterior. Pretende-se, dessa maneira, construir no Brasil um modelo de educação superior

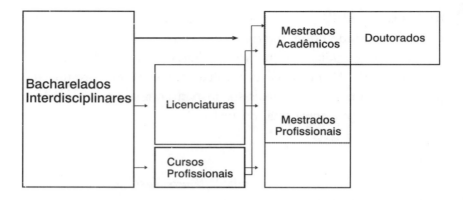

Figura 4 – Estrutura curricular do modelo Universidade Nova

compatível, no que for vantajoso para o contexto nacional, com o modelo norte-americano (de origem flexneriana) e com o modelo unificado europeu (Processo de Bolonha).

A proposta de implantação dos Bacharelados Interdisciplinares terá formatação e detalhamento definidos pelas universidades que aderirem à proposta, dentro da sua autonomia. Não obstante, algumas proposições iniciais já podem ser sugeridas, consentâneas com idéias que circulam nos meios acadêmicos, nacionais e internacionais, algumas delas já concretizadas institucionalmente.

Em termos de estrutura curricular, o BI compreende três modalidades de componentes curriculares: Cursos-Tronco (CT); Formação Geral (FG), Formação Específica (FE). A carga curricular do Bacharelado Interdisciplinar poderá basear-se no conceito de Blocos Curriculares, definidos como conjunto de módulos (cursos, disciplinas, atividades, programas, trabalhos orientados) cobertos pelos alunos durante o semestre ou quadrimestre letivo. O BI terá duração de dois a três anos, abrangendo grandes áreas do conhecimento.

Epílogo – Protopia
Naomar de Almeida Filho

O conceito de Cursos-Tronco (CT) provém diretamente de Anísio Teixeira. Define-se como formação obrigatória, paralela e seqüencial durante todo o programa do BI. No estágio atual de construção da proposta de estrutura curricular do BI, há dois Cursos-Tronco propostos: (a) Língua Portuguesa como Instrumento de Comunicação, cobrindo da estrutura da língua à expressão oral e escrita nas áreas de concentração do BI. (b) Línguas Estrangeiras Modernas (Espanhol, Francês, Inglês, Alemão, Italiano), visando ao uso instrumental do idioma estrangeiro selecionado. Alunos com proficiência comprovada serão dispensados da obrigatoriedade, mas poderão optar por outro idioma.

A Formação Geral compõe-se de componentes curriculares (módulos, cursos, disciplinas, atividades etc.) de escolha opcional em cada um dos Eixos Temáticos Interdisciplinares (ETI), com forte incentivo à oferta de blocos integradores. Os Eixos Temáticos Interdisciplinares compreenderão conteúdos como os seguintes:

- Cultura Humanística: Ética, Política & Cidadania; Qualidade de Vida (Esporte, Saúde, Meio Ambiente, Consciência Ecológica); Formação das Sociedades Contemporâneas (com foco na sociedade brasileira).

- Cultura Artística: Estética; Panorama das Artes (Histórias, Escolas, Estilos); Literatura (como ler Poesia, Prosa e Drama); Exposição às Artes (participação em eventos culturais, com créditos); Iniciação Artística (Música, Artes Plásticas, Teatro, Dança, Cinema).

- Cultura Científica: Ética, Epistemologia & Metodologia; Pensamento Matemático (Lógica, Estatística, Informática); Histórias das Ciências e das Técnicas; Iniciação Científica.

Universidade Nova: Textos Críticos e Esperançosos

Além desses componentes, faz parte da Formação Geral, também de modo "optatório" (obrigatório, mas com escolhas internas garantidas e incentivadas), o cumprimento de Atividades Interdisciplinares em Comunidade (AIC), organizadas por tema/problema, com alunos de diferentes origens e opções de titulação no BI.

A Formação Específica (FE) compreenderá componentes curriculares totalmente optativos e oferecidos para todas as opções de BI somente aos alunos da área de conhecimento correspondente que concluíram a FG, sem distinção de nível, integrando graduação e pós-graduação. Prevê-se um esquema de tutoria, visando orientar as escolhas de blocos curriculares de acordo com as aptidões, vocações e competências dos estudantes. Buscando contribuir para escolhas maduras de carreira profissional, nessa etapa poderão ser oferecidos módulos de introdução aos cursos profissionais, a exemplo da *Introdução às Engenharias* e da *Introdução à Psicologia*, ambas já existentes respectivamente na Escola Politécnica e na Faculdade de Filosofia e Ciências Humanas da UFBA. Como a prioridade de matrícula nos cursos FE será dada por desempenho do aluno nos blocos FG e, posteriormente, na própria Formação Específica, haverá um permanente estímulo ao bom desempenho para aqueles alunos que pretendem usar o BI como via de entrada à formação profissional.

A estrutura curricular dos Bacharelados Interdisciplinares é apresentada graficamente na Figura 5.

Uma vez concluído o BI, o egresso receberá um diploma de bacharel em área geral de conhecimento que lhe dará maior flexibilidade no acesso ao mundo do trabalho. No momento, consideramos três hipóteses para o sistema de títulos do Bacharelado Interdisciplinar (BI).

Epílogo – Protopia
Naomar de Almeida Filho

Em primeiro lugar, temos o BI com entrada e saída (titulação) em quatro grandes áreas de saberes e práticas: Humanidades, Artes, Tecnologias, Ciências. Uma variante desta opção compreende a subdivisão do BI em Ciências: Ciências da Matéria, Ciências da Vida, Ciências da Saúde, Ciências da Sociedade.

Em segundo lugar, podemos considerar duas opções de entrada (seleção) e de saída (titulação): Artes & Humanidades; Ciências & Tecnologias.

Finalmente, haverá a possibilidade de uma entrada única e geral para o Bacharelado Interdisciplinar, com titulação em duas opções (Artes & Humanidades; Ciências & Tecnologias) a depender dos componentes curriculares efetivamente cumpridos.

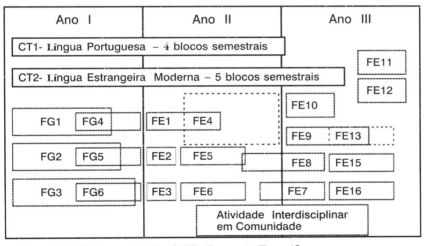

Legenda: FG - Formação Geral; FE - Formação Específica; CT - Curso Tronco.

Figura 5 – Estrutura Curricular dos Bacharelados Interdiciplinares (BI)

Universidade Nova: Textos Críticos e Esperançosos

Em todas essas opções, há a possibilidade de se definir áreas de concentração, a serem estabelecidas pelas respectivas comunidades de docentes, pesquisadores e criadores, recuperando e redefinindo o conceito de ênfase (equivalente ao *Major* do MNA), como por exemplo: Artes Visuais, Artes da Performance, Música, Filosofia, Educação, Letras, Comunicação, Ciências da Energia, Ciências da Matéria, Ciências da Vida, Ciências da Terra, Ciências da Saúde, Ciências Humanas, Ciências Sociais Aplicadas, Tecnologias Ambientais, Tecnologias Construtivas, Tecnologias Industriais, Tecnologias de Informação, Tecnologias de Gestão etc. Notem que essas denominações são descritivas de áreas de saberes, práticas e artes, sendo portanto campos de formação, de nenhum modo definindo profissões, ocupações ou empregos. Normativamente, não farão parte do título acadêmico e só constarão do suplemento do diploma, junto com a súmula da trajetória curricular do Bacharel.

Os Bacharelados Interdisciplinares enfim representam uma alternativa avançada de estudos superiores que permitirão reunir numa única modalidade de curso de graduação um conjunto de características que vêm sendo requeridas pelo mundo do trabalho e pela sociedade contemporânea, com os seguintes efeitos positivos esperados:

- alargamento da base dos estudos superiores, permitindo uma ampliação de conhecimentos e competências cognitivas;

- flexibilização curricular com aumento de componentes optativos, proporcionando aos estudantes a escolha de seus próprios percursos de aprendizagem;

- introdução de dispositivos curriculares que promovam a integração entre conteúdos disciplinares e níveis de formação;

- adiamento de escolhas profissionais precoces que têm como conseqüência prejuízos individuais e institucionais;

- redução das altas taxas de evasão, em especial do ensino público superior.

Caso desejem, os alunos graduados pelo BI poderão ter as seguintes opções de prosseguimento de estudos:

a) Aluna(o)s vocacionada(o)s para a docência poderão prestar seleção para licenciaturas específicas (p.ex. do BI em Ciências da Matéria para Licenciatura em Matemática, Física ou Química), com mais 1 a 2 anos de formação profissional, que a(o) habilita a lecionar nos níveis básicos de educação;

b) Aluna(o)s vocacionada(o)s para carreiras específicas poderão prestar seleção para cursos profissionais (p. ex. Arquitetura, Enfermagem, Direito, Medicina, Engenharia etc.), com mais 2 a 4 anos de formação, levando todos os créditos dos cursos do BI;

c) Aluna(o)s com excepcional talento e desempenho, se aprovada(o)s em processos seletivos específicos, poderão ingressar em programas de pós-graduação, como o mestrado profissionalizante ou o mestrado acadêmico, podendo prosseguir para o Doutorado, caso pretendam tornar-se professor(a) ou pesquisador(a).

* * *

Atualmente, o sistema de acesso à universidade compreende um teste único, geral e padronizado, chamado Vestibular, para seleção de sujeitos para todas as áreas de formação que tem a

Universidade Nova: Textos Críticos e Esperançosos

universidade, com diferentes graus de competitividade. É óbvia (quase escandalosa) a inconsistência lógica de se empregar o mesmo exame-padrão, um inventário unificado de testes e perguntas, para a identificação de aptidões e competências relativas a vocações tão distintas quanto o artista e o médico, o engenheiro e o advogado, o administrador e a dançarino.

O fim do vestibular não é o objetivo da proposta *Universidade Nova*, mas não há alternativa senão romper com o paradigma do vestibular. O exame vestibular acabará ou será superado na sua forma hoje existente simplesmente porque será inútil para o perfil de aluno que estamos buscando para o BI. A questão tem sido mal interpretada, particularmente pela cobertura às vezes enviesada dessa questão na imprensa, mas creio que isso ocorre por que a universidade brasileira criou um pequeno monstro que agora soltou as amarras e está começando a ditar os rumos da educação superior. O vestibular é um exame feito para excluir candidatos porque a universidade elitista não teria vagas para todos. Essa é a única razão por que ele precisa se tornar cada vez mais "difícil". O que seria apenas uma forma de seleção de alunos virou uma tirania, e então, não só o ensino básico ajusta-se ao vestibular, mas também as universidades acabaram tendo que a ele se moldar.

Será necessário implantar novas modalidades de processo seletivo, mas ainda não sabemos o que substituiria o vestibular tradicional. Esse tipo de seleção não é compatível com a *Universidade Nova* e, portanto, penso que não terá uso nem sentido em qualquer projeto de transformação radical da educação superior. Trata-se neste momento de avaliar opções de formas de ingresso e condições de acesso nas seguintes etapas: a) ingresso de candidatos ao BI; b) seleção de concluintes dos bacharelados para as carreiras profissionais.

Epílogo – Protopia
Naomar de Almeida Filho

Para entrar no Bacharelado Interdisciplinar, primeira instância de formação da *Universidade Nova*, queremos uma seleção de pessoas que tenham perfil mais aberto, que desejem experimentar coisas, vivenciar uma formação capaz de ultrapassar a mera profissionalização, que tenham interesse numa inserção plena na cultura universitária. Por esse motivo, teremos de buscar ou desenvolver alguma outra forma de seleção. Podemos considerar duas hipóteses:

Hipótese 1: desenvolver um exame especial para a seleção de alunos para o primeiro ciclo da formação universitária. Tal exame ou processo seletivo terá o perfil de um instrumento capaz de identificar potencial, talento, capacidade interpretativa, competência, habilidade, muito mais do que memorização, do que informação acumulada.

Hipótese 2: atualização do Exame Nacional do Ensino Médio (ENEM), com ajuste aos objetivos de selecionar alunos para a *Universidade Nova*. Essa hipótese tem sido avaliada como em princípio viável, reconhecendo-se alguns de seus defeitos atuais. O ENEM tem a vantagem de não ser um teste baseado no acúmulo de conhecimentos, mas sim na capacidade de análise, interpretação e expressão. Trabalha com a seguinte regra: todos os dados ou informações necessários para resolver qualquer questão, por regra, estão contidos no enunciado. Mas o ENEM, tal como feito atualmente, tem um problema: grau reduzido de estabilidade, mudando muito de ano a ano. A idéia é introduzir mais constância e consistência. Uma das possibilidades em aberto é fazer com que as universidades que participam do projeto componham o conselho técnico – previsto na normatização do ENEM, mas nunca implementado – responsável pela qualidade de conteúdo da seleção. Enfim, o ENEM pode preencher plenamente a finalidade de selecionar para a *Universidade Nova* porque o aluno que queremos não é aquele que já sabe cálculo, geografia, física, química, matemática. É bom que este candidato já saiba tudo isso se quiser fazer carreira profissional nessas áreas, mas para entrar primeiro no Bacharelado Interdisciplinar precisa ser um aluno inteligente, competente, estudioso, capaz de se expressar, que queira se formar no âmbito da cultura universitária.

Para a seleção de concluintes do BI para as carreiras profissionais, um princípio já pode ser estabelecido: retoma-se a especificidade da seleção para cada carreira profissional, tal como era antes da unificação do exame vestibular pela Reforma Universitária de 1968. Avaliamos a pertinência de permitir ao aluno do BI participar de mais de um processo seletivo simultaneamente (incluindo licenciaturas como segunda opção às carreiras profissionais). Três instrumentos de seleção podem ser usados, isoladamente ou em combinação:

a) Coeficiente de Rendimento durante o BI, mediante sistemas coletivos de avaliação do aproveitamento dos alunos. Pode-se definir um Eixo Temático Profissional dentro do qual os candidatos demonstrarão seu desempenho;

b) Avaliação Seriada durante o BI, compondo um escore cumulativo. Começando no fim do primeiro ano, essa avaliação pode cobrir conteúdos do Eixo Temático da FG onde se encaixa a carreira profissional procurada;

c) Testes de conhecimento sobre conteúdos ou eixos temáticos dos cursos FE específicos para cada opção de carreira profissional.

Resta acrescentar que, idealmente, os testes de seleção para as carreiras profissionais deverão ser de preferência de âmbito

Epílogo – Protopia
Naomar de Almeida Filho

nacional, permitindo maior mobilidade dos estudantes entre instituições participantes da *Universidade Nova*.

De todo modo, seleção para a educação superior é um tema altamente complexo. A universidade brasileira sempre foi uma instituição de formação das elites nacionais. Com o aumento da demanda por ensino superior devido aos processos de urbanização e de modernização do Brasil, acirrou-se a competição por vagas nas universidades públicas, que são as melhores por qualquer indicador de qualidade. Assim, cada vez mais se apertou o instrumento de seleção, esse duríssimo filtro chamado vestibular. O sistema de ensino pré-universidade se ajustou ao filtro, tornando-se cada vez mais dual e paradoxal: belas teorias educacionais convivendo com carência de recursos e resultados no sistema público, em contraste com enorme pobreza conceitual e filosófica no setor privado de ensino básico, não obstante seus recursos financeiros e tecnológicos e maior eficiência. Porém, cada vez mais essa eficiência tem-se tornado capacidade de passar no teste do vestibular.

* * *

Nos debates sobre esta proposta de ruptura com o paradigma da universidade velha, às vezes me questionam se, na hora de prosseguir do BI para os demais níveis de formação, não haveria risco de transferir para o ambiente interno da universidade o processo seletivo que atualmente é feito pelo vestibular. Respondo que é justamente essa a intenção e a força da proposta.

No Brasil, até o momento, temos praticado uma grave omissão ao manter e aperfeiçoar o modelo de ingresso na universidade através do vestibular. Deixamos que processos sociais, em sua maioria espúrios e excludentes, predominem sobre o talento das pessoas;

Universidade Nova: Textos Críticos e Esperançosos

permitimos que desigualdades sufoquem a vocação dos sujeitos que buscam a formação universitária.

O projeto *Universidade Nova* defende claramente que as instituições universitárias assumam essa responsabilidade, realizando internamente os processos seletivos para o prosseguimento da formação acadêmica e profissional dos seus estudantes. Não há nenhuma lógica, política ou acadêmica, que justifique deixarmos que processos seletivos para ingresso na casa da cultura, das artes e do conhecimento aconteçam fora da universidade. Ao permitirmos que isso ocorra, como se dá hoje, a seleção torna-se muito mais social e política do que por mérito, habilidade, competência, aptidão. Ao trazê-la para dentro da universidade, teremos maior controle acadêmico sobre qualidade e competência, valores que fazem parte da universidade. Isso nos leva inevitavelmente ao tema das políticas de ações afirmativas como estratégia de inclusão social pela educação.

O modelo proposto é, sem dúvida, mais inclusivo do que os processos seletivos da universidade brasileira atual. A *Universidade Nova* vai abrir oportunidades de formação cultural, profissional, científica ou artística para cidadãos, pobres ou ricos, que tiverem talento, motivação e vocação, independentemente de classe social, etnia ou gênero.

Primeiro, em todas as hipóteses consideradas, o exame para o BI será geral, com todos os candidatos prestando seleção para ingresso à educação superior, em um tronco único e não dispersos em numerosos eixos profissionais. De imediato, tal formato diminuirá a competição tradicionalmente concentrada em alguns cursos. No modelo atual, muitos candidatos, ao não entrarem em um dado curso de carreira profissional simplesmente ficam excluídos da educação superior.

Epílogo – Protopia
Naomar de Almeida Filho

Segundo, esperamos substancial redução nas taxas de evasão, um dos principais fatores de redução da eficiência do investimento público em educação, tanto custos diretos na rede federal de educação superior quanto indiretos em programas de bolsas de estudo em instituições privadas de ensino. Na *Universidade Nova*, as escolhas de carreira, profissional ou acadêmica, serão feitas com maior maturidade e melhor conhecimento do conteúdo das respectivas formações.

Terceiro, a nova arquitetura curricular traz enorme potencial de ampliação de vagas, tal como já acontece em todos os contextos onde a educação universitária se estrutura em ciclos ou níveis de graduação. Estudos técnicos que têm subsidiado o projeto *Universidade Nova* estimam que, no BI, se poderá oferecer até o equivalente ao dobro das vagas destinadas a cursos profissionais e de pós-graduação. Haverá uma proporção aluno/docente maior do que a reduzida média do sistema atual: nas universidades federais, em torno de 10 alunos para cada professor. O projeto prevê também aumento de vagas nas licenciaturas, dentro de uma estrutura curricular mais aberta à captação de vocações e aptidões. Com isso, a instituição universitária poderá contribuir, de modo mais decisivo, para diminuir o déficit educacional no ensino básico no Brasil.

Além dessas, há outra razão, não menos importante: para os BIs, os candidatos serão selecionados por criatividade e talento, qualidades intelectuais e humanas melhor distribuídas socialmente e menos ligadas à influência da história socioeconômica das famílias e das pessoas. Se conseguirmos atender no sistema público a demanda reprimida por educação superior, com sistemas de seleção que não discriminem por origem social ou étnica, ótimo. Haverá, decerto não para todos os candidatos, mas para todos os que se apresentarem com motivação e vocação.

Universidade Nova: Textos Críticos e Esperançosos

Não podemos subestimar o efeito positivo da ampliação de vagas na educação superior. De certa maneira, até a própria adesão da sociedade aos programas de ações afirmativas tem sido prejudicada pela sensação de subtração social: vagas que eram preenchidas por jovens de famílias de classe média teriam sido subtraídas para serem concedidas às pessoas mais pobres da população. É claro que isso é importante para um efeito de justiça social, mas será muito mais correto avançar no sentido da ampliação de vagas na universidade para que os alunos tenham chances sociais mais importantes do que eles têm no momento.

No longo prazo, se todos esses mecanismos de inclusão social funcionarem como esperamos, não vamos precisar de reserva de vagas na *Universidade Nova*. Ainda assim, defendo que devemos manter sistemas de compensação redistribuitiva de vagas (tipo cotas ou bônus para pobres, negros e índios), monitorando qualquer grau de exclusão ou discriminação, até que tenhamos verificado serem os mesmos desnecessários nos ciclos iniciais de formação.

Para a continuidade da formação nos cursos profissionalizantes, alguns diriam que não seria mais preciso a salvaguarda de programas de ações afirmativas. Uma vez no BI, aparentemente as oportunidades estariam igualadas porque todos os alunos teriam acesso garantido a recursos educacionais e apoio institucional na universidade de acordo com o seu desempenho nos mesmos padrões de ensino. Sinceramente, não creio nisso. A estrutura curricular e alguns elementos organizativos introduzem no BI um viés igualitário (no sentido de melhorar a formação de todos e não de poucos). Isto pode reduzir, mas não suprimir ou reparar, o efeito de desigualdades sociais ou étnicas de origem. A desigualdade das bases de formação educacional entre ricos e pobres neste país é grande demais para que seja superada em dois ou três

Epílogo – Protopia
Naomar de Almeida Filho

anos. Mesmo tornando-se mais eficiente e inclusiva, a instituição universitária dificilmente compensará o fato de que alguns alunos, vivendo em ambientes sofisticados e estimulantes, contando com recursos e suportes adicionais (por exemplo, contratando cursinhos de reforço), podem se dar ao luxo de apenas estudar, enquanto outros continuarão lidando com problemas econômicos, vivendo precariamente, sem livros, equipamentos e recursos pessoais, sendo obrigados a trabalhar em paralelo ao curso universitário.

O que é possível fazer nesse sentido? De imediato, devemos reforçar os programas de permanência. A universidade pública brasileira avança numa concepção ampla de apoio social aos estudantes, com concessão de bolsas do setor público e do setor privado, principalmente fundações. Essas bolsas, ainda escassas, dão conta apenas de uma parte do problema. A outra parte: a universidade precisa se reestruturar para propiciar condições de aderência dos estudantes aos programas de ensino. Para isso, precisamos garantir condições de vida e disponibilizar recursos pedagógicos e financeiros para uma formação profissional plena na universidade pública. Essa formação pode ser potencializada pela figura do professor tutor, capacitado a acompanhar e orientar a vida acadêmica dos estudantes do BI. Além disso, planejamos a organização curricular dos Bacharelados Interdisciplinares com cursos por turnos-padrão (matutino, vespertino e noturno) e maior concentração de atividades no turno noturno, propiciando otimização de instalações, equipamentos de ensino e condições de permanência.

No limite, a proposta da *Universidade Nova* tem como objetivo tornar a instituição universitária uma máquina de inclusão social pela educação. Também nesse aspecto, o projeto ressalta a inspiração de Anísio Teixeira, que considerava a escola pública como "a máquina

Universidade Nova: Textos Críticos e Esperançosos

que prepara as democracias". E para isso, precisamos atuar em dois níveis. De um lado, devemos incorporar na macro-estrutura institucional e acadêmica da universidade o que atualmente, chamamos de ações afirmativas. O modelo do BI, modulando a formação profissional e acadêmica, é um exemplo de ação afirmativa estruturante. De outro lado, no plano micro-institucional, precisamos desconstruir práticas pedagógicas redutoras, passivas, de baixo impacto e ineficientes, ainda vigentes na educação superior, reconstruindo-as como instrumentos de mobilização e participação dos sujeitos no seu próprio processo de formação profissional, política, cultural e acadêmica.

Por tudo isso, pelo menos na UFBA, o projeto *Universidade Nova* significa continuidade, aprofundamento, ampliação e é, sem dúvida, uma conseqüência direta do sucesso do Programa de Ações Afirmativas.

* * *

Naturalmente, todos esses pontos constituem sugestões, propostas e pontos preliminares, sujeitos a críticas, discussões e revisões, especialmente do ponto de vista de política institucional. Mesmo assim, não podemos perder o foco do projeto. Não se trata de influir, reparar ou remendar defeitos e problemas da educação superior, em suas diversas modalidades atualmente vigentes. O projeto *Universidade Nova* busca a transformação total e radical dessas estruturas e modalidades, em variados aspectos, difíceis de detalhar neste momento e estágio de elaboração da proposta. Por exemplo: os alunos que concluírem o Bacharelado Interdisciplinar com excepcional destaque poderão ser recrutados diretamente por programas de pós-graduação. Isso vai mudar bastante o perfil do alunado de pós-graduação, a estrutura dos cursos e sua relação com a pesquisa.

Epílogo – Protopia
Naomar de Almeida Filho

Aliás, a formação do pesquisador na *Universidade Nova* ganhará mais autonomia porque poderá se dar em paralelo à formação do profissional. Em muitas áreas, não faz sentido se requerer primeiro uma formação em profissões como pré-requisito para a formação do docente e do pesquisador. Tomemos Bioquímica como exemplo: o aspirante a pesquisador nesse importante campo não precisará ter-se diplomado como farmacêutico ou médico para poder entrar no mestrado e depois no doutorado da área. Outro efeito possível: se o desenho proposto alcançar plena implantação, a definição do Mestrado Profissional como formação profissional especializada complementar, em bases compatíveis com modelos internacionalmente vigentes, permitirá superar uma enorme distorção no sistema brasileiro de educação superior que é o grande *business* das especializações, mais um fruto da criatividade nacional.

Sobre as alterações de estrutura e função da pós-graduação no modelo da *Universidade Nova*, há muitas questões, inclusive técnicas e legais, ainda em aberto: Será viável ampliar o escopo da modalidade Mestrado Profissional, como formação avançada e/ou especializada para as carreiras profissionais? Poderá a Residência, formação avançada para a área médica, ganhar equivalência ao Mestrado Profissional? Caberá, em áreas específicas que envolvem treinamento avançado em serviço, conceber a modalidade Doutorado Profissional?

Contudo, creio que a proposta realmente permitirá maior integração com a pós-graduação. Corrigiremos alguns defeitos do modelo atual, herdado da reforma de 1968, quando mantivemos, na graduação, a Europa do século 19 e, na pós-graduação, uma imitação do que era feito nos Estados Unidos. O grau de desarticulação entre os níveis de formação é intenso e profundo. É praticamente impossível a um aluno de graduação cursar disciplinas na pós-graduação, mesmo

Universidade Nova: Textos Críticos e Esperançosos

que mostre desempenho para tanto. Ao mesmo tempo, nenhum estudante da pós-graduação aceita ter cursos num nível de graduação, considerando isso como mero nivelamento. A estrutura universitária precisa ser plenamente integrada como o é em outros países do mundo. Trago essa experiência da minha pós-graduação em universidades estrangeiras, quando convivi na mesma sala com alunos de graduação, mestrado, doutorado e, em alguns casos, até colegas cumprindo estágio pós-doutoral ou matriculados em cursos de extensão.

Resta considerar o tema das reações e resistências à nova proposta. O primeiro foco de resistência, certamente, é a indústria do vestibular, um setor privado muito poderoso que opera sobre a lógica da competitividade. A *Universidade Nova*, ao ampliar a oferta, reduz a competição. Certamente, os alunos de escola privada continuarão tendo acesso à universidade, mas também os de escola pública. Outro segmento que, aparentemente, pode mostrar resistência são os próprios docentes das instituições, grupos que têm quatro gerações de intelectuais formados nessa realidade atual e que não conhecem outra realidade.

Além disso, temos que considerar o setor privado de ensino superior. A *Universidade Nova* representará imenso avanço em termos de matrículas no ensino público. Há uma expectativa de duplicar a oferta de vagas caso todo o sistema federal adote essa proposta. É um salto histórico porque a cada ano a representatividade do setor público na oferta de matrículas vinha caindo. Mas pessoalmente não acho que devamos pensar em termos de oposição e sim em termos de construção coletiva. O conceito de oposição se aplica quando algo concreto e definido se busca impor de cima para baixo, como foi a Reforma Universitária do regime militar, em 1968. Nesse caso, vai ser o oposto. Por isso sou otimista. Sei que vamos construir em conjunto uma proposta avançada e progressista e, para isso,

Epílogo – Protopia
Naomar de Almeida Filho

temos a certeza de contar com docentes, servidores, estudantes e toda a sociedade.

À primeira vista, os elementos de eficientização do processo de formação universitária podem ser determinantes para sua adoção em escala ampla pelo sistema federal de educação superior. Afinal de contas, como se trata de recursos públicos, justifica-se plenamente a busca obstinada de economicidade na gestão institucional. Entretanto, a implantação da arquitetura proposta para a *Universidade Nova* terá seu maior impacto não em termos financeiros e administrativos, mas justamente nos aspectos filosóficos e conceituais das funções culturais e sociais da Universidade. Para subsidiar este argumento, proponho retomar a idéia-base deste livro de que a Universidade deve ser a casa do talento e da criatividade, o lugar da competência radical (ver Textos 3 e 6).

O que acontece quando, submissos e enredados nas tramas da sociedade competitiva e do pensamento conservador, deixamos sobreviver a universidade da mediocridade e do conformismo? Quantas inteligências sensíveis têm sido rejeitadas, fagocitadas ou desviadas de promissoras carreiras científicas ou artísticas por esta velha universidade? Cada pessoa, rica, negra, índia, de baixa renda, branca, imigrante, oriental, ou não, tem algum diferencial de talento e capacidade criativa que cabe à sociedade, por meio dessa "feliz idéia chamada universidade", (DERRIDA, 1999), descobrir e cultivar, para o desenvolvimento econômico, social e cultural da própria sociedade.

A estrutura curricular da *Universidade Nova* permitirá a captação de estudantes vocacionados para certas áreas de formação (como por exemplo, as artes e as ciências com forte componente lógico) por meio de iniciativas de esclarecimento, sedução e

Universidade Nova: Textos Críticos e Esperançosos

recrutamento. Docentes, pesquisadores e "atuantes" (no sentido latouriano) de cada área de conhecimento e setor de inserção profissional terão maiores chances de lançar suas redes, ainda no momento interdisciplinar do BI, para pescar os latentes talentos desconhecidos. Assim, sinais de "competência radical" poderão ser revelados a tempo de direcionar de modo adequado as carreiras profissionais, científicas e artísticas dos estudantes universitários.

Ademais, se o adjetivo interdisciplinar for mesmo levado a sério, teremos modificado sobremaneira o perfil intelectual dos egressos da educação universitária. Ao final dos BIs, os alunos deverão ter cursado pelo menos dois terços de disciplinas não relacionadas às carreiras profissionais oferecidas. Assim, na *Universidade Nova* formaremos mais engenheiros expostos à poesia, mais médicos com uma compreensão ecológica, mais artistas com uma passagem pela filosofia, mais administradores com formação histórica, mais químicos com estudos clássicos.

Cabe aqui um esclarecimento, dado que as primeiras reações frente à divulgação de pontos parciais dessa proposta têm se manifestado frontalmente contra uma rendição à ALCA-demia ou possível adesão ao Espaço Universitário Comum Europeu. Tais reações revelam reduzido grau de conhecimento da proposta, pois, como fica claro neste livro, somos contra a ALCA-demia (ver Texto 28) e temos uma consciência crítica perante o Processo de Bolonha (ver Textos 26 e 27). O desconhecimento desses proto-críticos é compreensível dado o fato de que nos encontramos nas etapas iniciais de construção e detalhamento dos seus aspectos conceituais e metodológicos.

Na realidade, há grandes diferenças ideológicas, formais e operacionais entre o BI da Universidade Nova, o *college* no modelo norte-americano e o *Bachelor* do modelo unificado europeu. Por um

Epílogo – Protopia
Naomar de Almeida Filho

lado, a pré-graduação da universidade norte-americana é mais longa e mais densa, em termos curriculares, do que o BI, exigindo dedicação exclusiva e, em muitos casos, residência nos *campi*. Por outro lado, as diversas versões do primeiro ciclo do Processo de Bolonha (*laurea trienale* na Itália, *licence* na França, *bachelor* na Inglaterra, *bakkalaureat* na Áustria etc.) têm estruturas de currículo já bastante especializadas, quase contraditórias com a essência interdisciplinar do BI. Apesar de, por diversas razões (duração equivalente, caráter predominantemente público da educação superior, manutenção de cursos profissionais no segundo ciclo etc.), encontrarmos semelhanças entre o modelo europeu atual e a proposta da *Universidade Nova*, as diferenças de contexto entre os espaços universitários europeu e latino-americano são grandes o bastante para desaconselhar uma adesão formal ao Processo de Bolonha.

Em suma, ampla compatibilidade é positiva neste mundo globalizado, mas qualquer submissão será fatal (como tem sido em todos estes anos de história da educação superior brasileira) para o cumprimento do mandato humboldtiano da universidade como lugar de concepção e construção da identidade nacional. Como fica claro pela leitura dos textos da última seção, portanto, nada mais longe das bases filosóficas e políticas da *Universidade Nova* do que supor que se trataria de uma proposta de incorporação a qualquer um dos modelos hegemônicos de universidade no cenário internacional.

Isso nos leva à principal inspiração da proposta *Universidade Nova*, desde os seus primeiros ensaios. Não é Harvard, nem Bolonha. Trata-se de uma das mais fecundas fontes do pensamento progressista sobre a educação na história brasileira: ninguém menos que Anísio Teixeira.

Universidade Nova: Textos Críticos e Esperançosos

* * *

Anísio Teixeira, eminente educador baiano, no decorrer de uma vida de gestor público profícuo e intelectual criativo, produziu uma obra de inegável consistência filosófica, política e científica. A partir de perspectivas que designa como *Educação Democrática* e *Educação Progressiva*, Anísio Teixeira formula conceitos fundamentais sobre as bases políticas da Educação como direito de todos e dever do Estado (nas suas palavras: "dever democrático, dever constitucional, dever imprescritível"). Desenvolvendo um ponto de vista próprio de pedagogia filosófica, criticando duramente o que chama de "dualismo escolar", Anísio valoriza e aprofunda o papel das abordagens dialógica e participativa no processo educacional e sistematiza a proposta de uma Escola Nova. Nisso, antecipa em décadas posições posteriormente encontradas em Paulo Freire e seus discípulos.

Sintonizado com os debates epistemológicos mais avançados do seu tempo, Anísio antecipa a emergência de novos paradigmas no panorama da ciência contemporânea, formula sua concepção da "nova escola pública". A esse respeito, no livro hoje clássico *Educação não é privilégio*, Teixeira (1957) escreve:

> em face dessa profunda alteração da natureza do conhecimento e do saber (que deixou de ser atividade de alguns para, em suas aplicações, se fazer necessidade de todos), a escola não mais poderia ser a instituição segregada e especializada de preparo de intelectuais ou "escolásticos" e deveria transformar-se na agência de educação dos trabalhadores comuns, dos trabalhadores qualificados, dos trabalhadores especializados, em técnicos de toda ordem, e dos trabalhadores da ciência nos seus aspectos de pesquisa, teoria e tecnologia.

Epílogo – Protopia
Naomar de Almeida Filho

Além de criador de uma importante obra reflexiva e propositiva sobre a Universidade, Anísio Teixeira liderou várias iniciativas concretas, como a construção institucional da Universidade do Distrito Federal (UDF) e da Universidade de Brasília (UnB), frustradas pela repressão política, como vimos acima (Texto 22). Nesse aspecto, no Projeto de Lei que instituiu a Universidade de Brasília, enviado ao Congresso Nacional em 21 de abril de 1960, tendo Anísio Teixeira como Presidente da Comissão de Elaboração, encontramos elementos de definição conceitual plenamente convergentes com a proposta *Universidade Nova*. Isso transparece no seguinte excerto do item 12 da Exposição de Motivos:

> Propõe-se uma estrutura nova da formação universitária, para dar-lhe unidade orgânica e eficiência maior. **O aluno que vem do curso médio não ingressará diretamente nos cursos superiores profissionais.** Prosseguirá sua **preparação científica e cultural** em Institutos de pesquisa e de ensino, dedicados às ciências fundamentais. Nesses órgãos universitários, que não pertencem a nenhuma Faculdade, mas servem a todas elas, **o aluno buscará, mediante opção**, conhecimentos básicos indispensáveis ao curso profissional que tiver em vista prosseguir. (grifos nossos)

Vários escritos de Anísio sobre a universidade – destaco o livro *Ensino superior no Brasil*: análise e interpretação de sua evolução até 1969 –, compõem uma crítica, confessadamente precoce, da Reforma Universitária de 1968. Nesse volume, publicado postumamente em 1989, Anísio faz uma aguda análise da história e da estrutura do sistema brasileiro de educação superior, acrescentando uma valiosa seção propositiva, que será objeto de nossa atenção adiante. Premonitório na identificação dos principais problemas estruturais da universidade brasileira – os dilemas cruciais

Universidade Nova: Textos Críticos e Esperançosos

da identidade institucional (formar quadros técnicos ou promover ciência & cultura? educar ou credenciar profissionais?) e o processo de expansão desenfreada, que se tornou ainda mais sério com a privatização dos anos 1990 –, o seguinte trecho (Teixeira, 2005, p. 178-179), merece transcrição:

> Vacilando entre a idéia de ensino superior como formação profissional das primeiras escolas do Império e a da universidade como consolidadora da cultura nacional, manifesta na década de 1930 e depois na Universidade de Brasília em 1960, o País viveu todo esse longo período de mais de cem anos a multiplicar vegetativamente aquelas primeiras escolas profissionais, dentro das precárias condições em que se criara o primeiro curso médico em 1808, entremeando esse *laissez-faire* com os assomos ocasionais de criação da verdadeira universidade. [...] Durante esse longo período enraíza-se a idéia de um ensino superior superficial, simples reflexo de cultura estrangeira importada, de ensino oral e de tempo parcial, destinado a oferecer diplomas suscetíveis de **credenciar** seus titulares a cargos e honrarias. O longo hábito de tais escolas deflagra, sob as novas condições do Brasil moderno, uma expansão explosiva de tais escolas por todo o País. (grifo no original)

Em diferentes momentos da sua obra, Anísio Teixeira sintetiza elementos de definição conceitual importantes para sua proposta de Universidade, por analogia à concepção, a um só tempo revolucionária e pragmática, da Escola Nova. Conceitos fundamentais e elementos estruturais previstos na proposta da *Universidade Nova* já se encontram expostos com clareza na obra anisiana tardia, escrita após a catastrófica repressão militar à UnB original (SALMERON, 1998). Senão vejamos: os componentes curriculares gerais e específicos, incluindo o conceito de cursos-tronco, e o caráter majoritariamente optativo do BI (TEIXEIRA, 2005, p. 302); a articulação entre os bacharelados curtos, as carreiras

Epílogo – Protopia
Naomar de Almeida Filho

profissionais de média duração e as carreiras longas, incluindo a natureza interdisciplinar (naturalmente sem utilizar a terminologia atual, que seria criada posteriormente) dos ciclos iniciais de formação (TEIXEIRA, 1998, p. 144-160); a estrutura modular, não-especializada e, citando Abraham Flexner (1866-1959), a organização por níveis de formação do sistema de unidades de ensino e das escolas de pós-graduação (TEIXEIRA, 2005, p. 202).

Examinemos alguns desses pontos em maior detalhe. Na "universidade reformada" de Anísio, encontra-se a proposta de "colégios universitários", unidades de ensino do ciclo de pré-graduação, cuja estrutura curricular compõe-se de dois níveis de formação: curso básico e curso propedêutico. Por sua clareza, precisão, pertinência e convergência em relação à proposta dos Bacharelados Interdisciplinares da *Universidade Nova*, vale a pena reproduzir na íntegra a seguinte citação do livro *Educação e Universidade* (TEIXEIRA, 1998, p. 154):

> Cabe aqui, antes de prosseguir, examinar a designação de ensino básico que se vem introduzindo em nossa terminologia da reforma. Se ele significa *básico* apenas como *preparatório* para as carreiras profissionais, seria aceitável. Nesse caso, o básico seria um ensino geral, introdutório ou propedêutico ao estudo superior no nível acadêmico ou no nível profissional, ou destinado a uma ampliação da cultura secundária, para os que não desejassem fazer carreira acadêmica ou profissional. Neste caso, porém, não deveria haver a insistência que percebo em que ele seja ministrado nos institutos destinados às carreiras acadêmicas, salvo se eles se destinassem *apenas* às carreiras acadêmicas.

Sobre a estrutura curricular da pré-graduação, escreve Anísio (TEIXEIRA, 1998, p. 154-5):

Universidade Nova: Textos Críticos e Esperançosos

O curso de cultura geral é diferente de um curso propedêutico e este curso propedêutico se diversifica pelo ramo de que ele deseja ser propedêutico. O de cultura geral é uma iniciação, uma introdução a um ramo do saber, com o objetivo central de alargar a mente do educando, de lhe dar novas vistas da realidade e de aparelhá-lo com certas idéias necessárias para compreender o mundo do saber, a sua diversidade, e ajudá-lo a pensar com maior riqueza de imaginação. Já o curso propedêutico pode alcançar alguns desses efeitos, mas não pode ser tão desinteressado e tem de levar em conta a aplicação do conhecimento examinado no campo para que deseja ser propedêutico. O curso geral em certos casos pode ser propedêutico ao curso de especialização acadêmica, mas somente como elemento para a escolha do campo a que se vai dedicar.

Na sua proposta de reforma, Anísio (TEIXEIRA, 1998, p. 155-6) demonstra uma clara intenção de introduzir maior eficiência e competência na função pedagógica do ciclo de pré-graduação (equivalente ao BI da nossa *Universidade Nova*) e destaca a finalidade vocacional desse nível de formação:

Toda essa reforma visaria atender a problemas reais da nossa conjuntura universitária, conduzindo a melhor divisão de trabalho entre as diferentes categorias do professor, no sentido de sua competência e da direção do seu espírito, e a melhor divisão também dos estudantes, oferecendo-lhes no curso básico, ou melhor, no curso inicial de dois anos (ou três) uma oportunidade para se examinar e se descobrir e fazer as suas opções, ou de deixar a universidade por não ser feito para ela, ou de achar que lhe bastam os conhecimer.os adquiridos, ou de escolher uma das carreiras acadêmicas ou uma das carreiras profissionais.

A reforma universitária proposta por Anísio também já previa que cursos de formação geral tipo Bacharelados Interdisciplinares

Epílogo – Protopia
Naomar de Almeida Filho

abririam uma possibilidade de acesso universal à educação universitária. Além disso, indicava, sem hesitação, que as trajetórias de seleção para carreiras profissionais ou acadêmicas se dariam como opções em um mesmo ciclo de formação com a "introdução da formação acadêmica ao lado e independente da profissional". O seguinte trecho sintetiza soberbamente tais pontos de sintonia entre a Universidade Nova e a proposta anisiana de universidade (TEIXEIRA, 1998, p. 156):

> A reforma resolveria, assim, o problema da admissão à universidade, abrindo os seus portões para acolher a mocidade, que terminara o curso secundário e alimentava o propósito de continuar os estudos, para um curso introdutório, de nível superior, destinado a alargar-lhes a cultura geral recebida no nível secundário, dar-lhes uma cultura propedêutica para as carreiras acadêmicas ou profissionais ou para treiná-los em carreiras curtas de tipo técnico. Terminados esses cursos é que iria ele ser selecionado para os cursos regulares de graduação nas carreiras acadêmicas ou profissionais. Depois desta formação, nova seleção far-se-ia de imediato ou posteriormente, para a escola pós-graduada.

Enfim, há inegáveis convergências ideológicas, formais e operacionais entre a proposta de Anísio Teixeira (com o sistema de colégios universitários com cursos universitários propedêuticos) e a arquitetura curricular do projeto *Universidade Nova* (com o Bacharelado Interdisciplinar). Não obstante, na condição de neófito estudioso do pensamento anisiano, o que para mim pareceu mais impressionante foi constatar que se encontra em detalhes, na sua obra, o sistema de três ciclos de formação (graduação, profissionalização e pós-graduação), antecipando em quase meio século a arquitetura curricular do Processo de Bolonha.

Universidade Nova: Textos Críticos e Esperançosos

* * *

Dizem alguns críticos da *Universidade Nova* que a sociedade brasileira mal está se recuperando das ações afirmativas nas universidades públicas e já tem que começar a pensar em algo novo. É função da universidade justamente fazer isso. O que enfim se espera da universidade? Sabemos que ela foi inventada para estar à frente da sociedade, para construir a cultura, para ser vanguarda na história. Quando o projeto *Universidade Nova* estiver em curso de implantação, possivelmente vamos ter que abrir alguma outra vanguarda. O fato de a universidade brasileira, historicamente, ter abdicado de construir o novo, fez com que a sociedade fosse buscar a inovação em outras instituições. Justamente por isso, a instituição universitária foi paulatinamente perdendo seu valor perante a cultura nacional.

Outros críticos se mostram céticos frente a qualquer possibilidade de mudanças na universidade sem antes termos resolvido o imenso débito histórico e político do ensino médio e fundamental. Argumentam que não faz sentido falar de reforma na universidade enquanto continuarmos com uma educação básica incapaz de efetivamente preparar os alunos para prosseguir em sua formação intelectual. Pontificam, sisudos e solenes: precisamos renovar a escola pública em todos os níveis, depois vamos reformar a universidade. Penso, a partir de uma lógica oposta, que se trata de uma posição imobilista e paralisante. Não podemos esperar mais.

Uma reforma universitária verdadeira, justificada e focada na arquitetura curricular, poderá contribuir para (e, quem sabe, catalisar) a desejada transformação de todo o sistema educacional. No momento em que o sistema federal de educação superior mudar sua arquitetura curricular, redefinindo o conceito de formação universitária e, por conseqüência, a sistemática de recrutamento de novos estudantes, estou certo de que haverá um efeito reverso no

Epílogo – Protopia
Naomar de Almeida Filho

ensino médio e quiçá também no ensino fundamental. Como e quando isso ocorrerá, é difícil prever e mesmo conceber. Mas não tenho dúvidas de que mudanças profundas na educação básica advirão do projeto *Universidade Nova*.

Faz parte dos pensamentos esperançosos que, neste livro, pretendi compartilhar com os eventuais leitores, a reflexão de que agora estamos mobilizando mais o debate sobre esses temas relevantes e assim ganhamos visibilidade e auto-afirmação. Por exemplo, colocar o Brasil no cenário educacional do mundo é responsabilidade da universidade. Para isso, é imprescindível que, nas relações complexas de trocas internacionais, tenhamos sistemas educacionais que sejam valorizados e compatíveis com os centros intelectuais e econômicos do mundo contemporâneo. Não podemos criar e fomentar, sob o pretexto da autonomia institucional e da soberania nacional, formas de perpetuação do nosso atraso. É claro que a universidade brasileira conta com centros de pesquisa de excelência e reconhecimento internacional, mas o avanço pontual não faz a instituição como um todo ser vanguarda. A universidade precisa de algo que a unifique nessa direção. E aí entra o projeto *Universidade Nova*.

Talvez por mera dialética, parece que as condições de superação do constrangimento histórico de termos uma universidade arcaica e inerte se acumulam, indicando algum horizonte de transformação.

Primeiro, as mudanças pretendidas pela Reforma Universitária de 1968 foram completamente digeridas e neutralizadas pelas forças do tradicionalismo na universidade. De fato, em menos de 10 anos, as universidades brasileiras que passaram por aquela reforma já haviam recuado, quase completamente, em relação às alterações de estrutura institucional e de arquitetura curricular.

Universidade Nova: Textos Críticos e Esperançosos

Segundo, nem mesmo o deus *ex-machina* chamado "mercado de trabalho" parece mais se importar com os padrões de formação profissional dos egressos da educação universitária. Grandes corporações, empresas de pequeno e médio porte, instituições públicas (principalmente do judiciário), simplesmente retreinam todos os profissionais recrutados para compor seus quadros técnicos e executivos, como se a passagem pela instituição educacional e a conquista do diploma universitário apenas cumprissem a função de credenciamento e não de formação profissional.

Por último, os modelos de formação universitária que inspiraram nossas instituições de educação superior já se encontram totalmente superados em seus contextos originais. Quando o prazo de consolidação do Processo de Bolonha for alcançado (a data é 2010), o Brasil corre sério risco de ser o último país com algum grau de desenvolvimento científico e tecnológico a possuir uma arquitetura curricular com padrões e modelos estabelecidos na *Belle Époque*. Caso isso ocorra, o País do Futuro terá enfim cumprido sua sina de ser para sempre o "país dos bacharéis".

Anísio Teixeira tinha clareza das estratégias necessárias para realizar a reforma universitária verdadeira, em um espírito plenamente concordante com as iniciativas do atual movimento pela *Universidade Nova*. Novamente, a palavra presciente do mestre Anísio (2005, p. 178-9) nos guia, como se fosse hoje:

> O desafio do presente é criar ordem e padrões de métodos e ação universitários na galáxia imprecisa, múltipla e vaga do ensino superior brasileiro, em expansão incoercível.

* * *

Epílogo – Protopia
Naomar de Almeida Filho

O termo utopia foi inventado por Sir Thomas Morus, em 1516, para nomear a república ideal, um país que não existe e não pode existir, um lugar impossível. Vem de *u-topos* que, literalmente, significa não-lugar. Jorge Luis Borges, num conto triste intitulado *Utopía de un hombre que está cansado*, toma Quevedo como epígrafe: "Llamola *utopía*, voz griega cuyo significado es no hay tal lugar." O termo utopia popularizou-se em todas as línguas modernas como sinônimo de projeto irrealizável. Num momento recente, tornou-se popular a declaração de que vale a pena lutar por utopias. Sinceramente, discordo. Acho o utopismo patético e melancólico. Para mim, a luta que vale a pena é por lugares possíveis.

A *Universidade Nova* nada tem de fantasiosa; este projeto não é uma utopia. Trazemos sim uma proposta provocadora, realista, viável, portanto realizável; seguimos um movimento assumidamente desejante, mobilizador, histórico (no sentido de operado pela ação humana). Por tudo isso, proponho chamá-la de *protopia*. Ao neologismo se aplica a mesma lógica etimológica do termo utopia. Mas atenção: no lugar da negação, do vazio, temos o prefixo *pro*, a favor de, na direção de, atuante (como em "pro-ativo"). Criamos, aqui, um movimento a favor de um lugar; movemo-nos em direção a este lugar; neste movimento, construímos o novo lugar, nossa protopia, a *Universidade Nova*.

REFERÊNCIAS

ALMEIDA FILHO, Naomar; MARINHO, Maerbal Bittencourt; CARVALHO, Manoel José de; SANTOS, Jocélio Teles. *Ações afirmativas na universidade pública:* o caso da UFBA. Salvador: UFBA/CEAO, 2005.

ASSOCIAÇÃO NACIONAL DE DIRIGENTES DAS INSTITUIÇÕES FEDERAIS DE ENSINO SUPERIOR (Andifes). *Reforma universitária:* proposta da Andifes para a reestruturação da educação superior no Brasil. Brasília, 2004.

BARTHES, Roland. Estrutura da notícia. In: _____. *Crítica e verdade.* São Paulo: Perspectiva, 1999.

BASTIANELLI, Piero (Org.). *50 anos da Escola de Música da UFBA.* Salvador: EDUFBA, 2005.

BLOOM, Harold. *O cânone ocidental.* Rio de Janeiro: Objetiva, 2001.

BOURDIEU, Pierre. *La distinction :* critique social du jugement. Paris: Editions de Minuit, 1979.

CASTRO, Cláudio de Moura. *Os dilemas do ensino superior e a resposta da Faculdade Pitágoras.* Belo Horizonte: Universidade, 2002.

CHAUÍ, Marilena. *Escritos sobre a universidade.* São Paulo: Editora UNESP, 2001.

Universidade Nova: Textos Críticos e Esperançosos

DELEUZE, Gilles. *Proust e os signos*. Rio de Janeiro: Forense Universitária, 2003.

DERRIDA, Jacques. *A universidade sem condição*. São Paulo: Estação Liberdade, 2003.

DERRIDA, Jacques. *Crueldade e soberania*. [s.l.: s.n.], 2001. Intervenção no Workshop Jacques Derrida e René Major no Brasil. Rio de Janeiro, 7 a 9 de junho de 2001.

DERRIDA, Jacques. *Estados de alma da psicanálise*. São Paulo: Escuta, 2000.

DERRIDA, Jacques. *O olho da universidade*. São Paulo: Estação Liberdade, 1999.

FANON, Franz. *Pele negra, máscara branca*. Salvador: Fator, 1980.

FENSTER, Mark. *Conspiracy theories:* secrecy and power in American culture. Minneapolis: University of Minnesota Press, 1999.

GRAMSCI, Antonio. *Os intelectuais e a organização da cultura*. Rio de Janeiro: Civilização Brasileira, 1967.

KANT, Immanuel. Les conflits des facultés. In: _____.*Opuscules sur l'histoire*. Paris: Flammarion, 1990.

KERR, Clark. *Os usos da universidade:* universidade em questão. 15. ed. Brasília: Ed. Universidade de Brasília, 2005.

MARX, Karl; ENGELS, Friedrich. *Manifesto do partido comunista*. São Paulo: Global, 1988.

NINA RODRIGUES, Raymundo. Abasia choreiforme epidêmica no Norte do Brasil. *Gazeta Médica da Bahia*, Salvador, n. 22, p. 396-459, 1891.

OLIVEN, Arabela Campos. Histórico da Educação Superior no Brasil. In: SOARES, Maria Susana (Coord.). *Educação superior no Brasil*. Brasília: Unesco; Capes, 2002.

PERES, Fernando da Rocha. A Faculdade de Medicina no Terreiro de Jesus. *A Tarde*, Salvador, 8 mar. 2004.

Naomar de Almeida Filho

PERES, Fernando da Rocha. *Breviário de Antonio Conselheiro*. Salvador: EDUFBA, 2002.

PERES, Fernando da Rocha. *Memórias da Sé*. Salvador: Edições Macunaíma, 1974.

PINHO, Álvaro Rubim de. Aspectos históricos da psiquiatria folclórica no Brasil. In: CONCEIÇÃO, Augusto; NERY, Gabriel; PINHO, Solange Rubim (Org.). *Rubim de Pinho:* fragmentos de psiquiàtria transcultural. Salvador: EDUFBA, 2002.

QUEIROZ, Delcele Mascarenhas (Coord). *O negro na universidade*. Salvador: A Cor da Bahia, 2002. (Novos Toques).

READINGS, Bill. *Universidade sem cultura?* Rio de Janeiro: EdUERJ, 2002.

RIBEIRO, Darcy. *Universidade para quê?* Brasília: Ed. Universidade de Brasília, 1986.

RIBEIRO, Renato Janine. *A universidade e a vida atual*. Rio de Janeiro: Campus, 2003.

SÁBATO, Ernesto. *O escritor e seus fantasmas*. São Paulo: Companhia das Letras, 2003.

SALMERON, Roberto. *Universidade interrompida:* a Universidade de Brasília, 1961-1965. Brasília: Ed. Universidade de Brasília, 1998.

SANTOS, Roberto Figueira. *Vidas paralelas*. (1894 e 1962). Salvador: EDUFBA, 1997.

SANTOS, Boaventura de Sousa. *A universidade no século XXI:* para uma reforma democrática e emancipatória da Universidade. São Paulo: Cortez, 2005.

SANTOS, Boaventura de Sousa. *Pela mão de Alice:* o social e o político na pós-modernidade. São Paulo: Cortez, 1995.

SILVA, Pedro Agostinho da. *Embarcações do Recôncavo:* um estudo de origens. Salvador: Fundação Cultural do Estado da Bahia, 1974.

Referências

Universidade Nova: Textos Críticos e Esperançosos

TEIXEIRA, Anísio. *Educação e universidade.* Rio de Janeiro: Ed. UFRJ, 1998.

TEIXEIRA, Anísio. *Educação não é privilegio.* São Paulo: José Olympio, 1957.

TEIXEIRA, Anísio. *Ensino superior no Brasil:* análise e interpretação de sua evolução até 1969. Rio de Janeiro: EdUFRJ, 2005.

UNIÃO NACIONAL DOS ESTUDANTES (UNE). *Comentários sobre o Relatório Final da Comissão Nacional do MEC para a Reforma Universitária.* [São Paulo], 1986 Disponível em: <http://www.schwartzman.org.br/simon/une.htm>. Acesso em: 04 fev. 2004.

Esta obra foi publicada em Garamond e impressa no sistema off-set
sobre papel AP 75 g/m², com capa em papel cartão supremo 250 g/m².